V&R

Peter Kutter

Affekt und Körper

Neue Akzente der Psychoanalyse

Mit 3 Abbildungen

Vandenhoeck & Ruprecht
in Göttingen

Die Deutsche Bibliothek – CIP-Einheitsaufnahme

Kutter, Peter:
Affekt und Körper : neue Akzente der Psychoanalyse / Peter Kutter. –
Göttingen: Vandenhoeck & Ruprecht, 2001
ISBN 3-525-45898-3

Satz: Text & Form, Pohle.
Druck und Bindearbeiten: Hubert & Co., Göttingen.

Inhalt

Vorwort

Affekt und Körper gehören zusammen, so wie beide Themen in diesem Buch vereinigt sind. All unser Denken, Fühlen und Handeln, jeder Kontakt zwischen Menschen ist von Affekten erfüllt und äußert sich körperlich in Bewegung, in Hinwendung und Reaktion, im Wechselspiel von Annäherung und Trennung, von Wieder-Annäherung und Wieder-Trennung. Beides, Affekt und Körper, bildet ein Ganzes, das immer schon zusammengehörte: Wenn wir Freude empfinden, lacht das Gesicht; überfällt uns Trauer, weinen wir und werden still. Scham läßt erröten, und Schuld drückt uns nieder in Haltung und Gang.

Nur unser abendländisch-kartesianisches Denken hat Affekt und Körper getrennt in Denken und Fühlen. Dabei wurde der Körper entweder vernachlässigt oder gar, wie in der christlichen Tradition, verteufelt.

Die Thematik »Leidenschaft« scheint jetzt ein neues Interesse zu finden. Jürgen Werner (1999) schreibt unter dem zugkräftigen Titel »Die sieben Todsünden« über Wollust, Zorn, Neid, Geiz, Hochmut, Völlerei und Trägheit. Ulrich Heinen und Andreas Thielemann (2001) legen gesammelte Aufsätze zu »Rubens Passioni« vor; eine Kultur der Leidenschaften im Barock. Darin bestimmen »Fleisch und Blut« Rubens' Affektmalerei bis hin zu einem »Pathos der Leidenschaft«.

André Green (2000), der Papst der französischen Psychoanalyse, entdeckt »Passion und Passionsschicksale« in einem von Eike Wolff ins deutsche übersetzte Buch »Geheime Verrücktheit.« Bei Green rückt Leidenschaft allerdings in verdächtige Nähe von Verrücktheit. Leidenschaftliche Liebe wird zur Erotomanie. Aber er beschreibt immerhin Leidenschaft in genau derselben Weise, wie ich sie zuerst 1978 beschrieben hatte; als ein »affektives Phänomen« (Green 2000, S. 93), das »vom Subjekt Besitz ergreift und sich ungehemmten Ausdruck verschafft« (S. 57). So wie ich in Anlehnung an Freuds »Triebe und Triebschicksale« von Liebes-, Haß-, Eifersuchts- und Neid-Schicksalen sprach, spricht André Green von »Leidenschaften und ihren Schicksalen« (S.103ff.) und entdeckt deren »affektive Logik«. Er findet in der Psychoanalyse in ähnlicher Weise einen Mangel an Leidenschaft, wie ich dies in meinem Plädoyer für die Leidenschaft 1978 beklagte.

Die neue Aufmerksamkeit für die menschlichen Leidenschaften motivierte mich, das Thema weiter zu verfolgen und aus unveröffentlichten Arbeiten etwas Neues zusammenzustellen. Einige in entlegenen Zeitschriften veröffentlichte Aufsätze sollen dabei zeigen, wie die heute von manchen Autoren entdeckte Thematik damals schon gesehen und gedeutet wurde. Deswegen fanden einzelne, nach meiner heutigen Einschätzung historisch bedeutsame Ausschnitte aus früheren Aufsätzen – überarbeitet und gekürzt – Aufnahme in dieses Buch: »Über die Rolle der Affekte« (1980a), »Affekte in psychoanalytischer Sicht« (1983) sowie »Emotionalität und Körperlichkeit« (1980b).

Das Neue aber sind die vielfältigen Verflechtungen von Affekt und Körper; zwei in der Psychoanalyse sträflich vernachlässigte Bereiche. Die Psychoanalyse interessiert sich vor allem für die Phantasien. Sie analysiert, wie der Name wörtlich sagt, die Psyche. Affekt und Körper gehören aber implizit immer dazu. Dies soll in der Diskussion so vielschichtiger Phänomene menschlichen Lebens wie Aggressivität, Sexualität und Liebe ebenso deutlich werden wie in Kapiteln über Affekt und Musik, Basiskonflikte, psychosomatische Störungen und den »Kampf um den Körper«.

Die unterschiedliche Gewichtung von Affekt und Körper in der Psychoanalyse im Gegensatz zur Körpertherapie ist Gegenstand des letzten Kapitels, einschließlich der Probleme, welche die Psychoanalyse mit dem Körper hat und welche die Körpertherapie mit den Affekten hat. Die Essenz aus Arbeiten über hoffnungsvolle Ansätze einer fruchtbaren Zusammenarbeit von Psychoanalytikern und Körpertherapeuten beschließen den Band. Dabei zeigen gewagte Kombinationen von Psychoanalyse und Tanztherapie, wie aus der These Psychoanalyse und der Antithese Tanztherapie eine effektive Synthese werden kann.

Ich danke Isolde Laus für das prompte und akkurate Schreiben der auf Band diktierten Texte und meiner Frau für ihre wertvolle Unterstützung bei sprachlichen Verbesserungen.

Affekte – Elementare Substanz des Lebens

Der Affekt wirkt wie ein Wasser, das den Damm durchbricht, die Leidenschaft wie ein Strom, der sich in seinem Bette immer tiefer eingräbt.
Kant, *Anthropologie*, § 71

Psychologische Perspektiven – Kategoriale Affekte

Affekte sind Gemütsbewegungen mit hoher Intensität und längerer Dauer. Sie werden gleichermaßen durch äußere soziale Reize wie durch tief im Körper verankerte, den Instinkten oder Trieben nahestehende Impulse ausgelöst. Affekte sind »Propositionen bzw. Interaktionsmuster gegenüber dem Sozialpartner« (Krause 1993), sie beeinflussen die Steuerungs- und Motivationssysteme des Menschen und tragen zur Entwicklung der gesamten Persönlichkeit bei. Sie umfassen kognitive, emotionale und interaktionelle Aspekte. Wie schon Darwin zeigte, dienen sie dem zwischenmenschlichen Austausch. Angeborene Affektmuster äußern sich im Gesichtsausdruck, und zwar interkulturell grundsätzlich gleichartig, sie werden somit auch quer durch die Kulturen unmittelbar verstanden. Sie sind mit Erregungszuständen verbunden, auf die wir beim Thema Sexualität und Aggressivität zurückkommen. Nach Izard (1981) unterscheiden wir folgende *kategoriale Affekte* (sie lassen sich in Kategorien einordnen):

- Freude mit dem charakteristischen Ausdruck des Lachens
- Überraschung oder Schreck
- Trauer, Schmerz, Gram oder Kummer mit dem typischen Ausdruck des Weinens
- Wut, Zorn bis hin zu Ekel und Geringschätzung, Feindseligkeit und Aggression
- Angst
- Scham und Schüchternheit
- Schuldgefühl, Gewissen und Moral.

Affekte haben einen unaufhörlichen Einfluß auf unser Denken, Fühlen und Verhalten und wirken sich auf alle unsere zwischenmenschlichen Beziehungen aus. Sie können kontrolliert werden oder außer Kontrolle geraten, sich von leisen Stimmungen bis zu starken Erregungen im Lauf eines affektiven Prozesses steigern und wieder abklingen (darüber mehr unter dem Stichwort *Vitalitätsaffekte*). Sie spiegeln die Beziehungen zu unseren Sozialpartnern wider. Insofern sind sie elementare reaktive Antworten auf Signale unserer Mitmenschen. Sie wirken sich stark auf unser Bewußtsein, Denken und Handeln aus.

Es gibt archaische, ungesteuerte Affekte ebenso wie ausgebildete affektive Fähigkeiten, die uns helfen, unsere zwischenmenschlichen Beziehungen lebendig zu gestalten. Affekte fördern auch kognitive Prozesse, sie regen die Phantasie und Geistestätigkeit an, wirken sich selektiv auf das Lernen aus, sie können aber auch, wie etwa Angst, zu Lernblockaden führen.

Affekte sind, wie der Titel des Buches ausweist, eng mit dem Körper verbunden. Sie scheinen ebenso aus dem Körper heraus hervorzugehen, wie körperliche Reaktionen aus den Affekten entstehen. Insofern sind für die Affekte gleichermaßen innere körperliche Reize wie bestimmte soziale Situationen entscheidend. Wut kann eine unmittelbare Reaktion auf persönliche Bedrohung sein, ebenso wie Angst. Der Affekt Wut kann sich unmittelbar auf unser Verhalten auswirken, etwa unsere Fähigkeit einschränken, Auto zu fahren.

Für die Entstehung der Affekte können wir intrinsische Motive wie Neugier oder Forscherdrang ebenso verantwortlich machen wie extrinsische, wenn unser affektives Fühlen von äußeren Erfahrungen beeinflußt wird. So reagieren wir mit freudigem Lächeln, wenn wir Zuwendung erfahren, mit Trauer, wenn diese ausbleibt.

Die Frage, ob der Mensch, wie Thomas Hobbes annahm, primär selbstsüchtig, destruktiv und brutal ist und deswegen einen absoluten Monarchen braucht oder ob er friedlich, voll guten Willens und kooperationsbereit ist, wie John Locke formulierte, wollen wir hier offenlassen. Ich folge eher der hedonistischen Theorie, die besagt, daß der Mensch primär Lust sucht und Schmerz vermeidet. Das stünde auch in Einklang mit Freuds Theorie des Lustprinzips. Auch Krause (1993, S. 190) bleibt bei den Begriffen Lust und Unlust und verbindet nicht nur Lust und Freude oder Wut und Unlust, sondern auch Angst, Ekel, Wut mit Lust oder Freude und Neugier mit Unlust.

Psychoanalytische Aspekte – Freud, Klein, Bion

Für Freud waren Affekte von Anfang an wichtig. Er hatte die Vorstellung vom »eingeklemmten Affekt«, der, wenn er nicht abreagiert werden kann, zu neurotischen Störungen führt. Deshalb ist es das erklärte Ziel der Psychoanalyse, »die Wirksamkeit der ursprünglich nicht abreagierten Vorstellung dadurch (aufzuheben), daß sie dem eingeklemmten Affekt derselben den Ablauf durch die Rede gestatte und (sie) zur assoziativen Korrektur (bringt), indem sie dieselbe ins normale Bewußtsein zieht« (1895a, S. 97). Später schreibt Freud die oft zitierten denkwürdigen Sätze:

»Wir fanden nämlich anfangs zu unserer größten Überraschung, daß die einzelnen hysterischen Symptome sogleich und ohne Wiederkehr verschwanden, wenn es gelungen war, die Erinnerung an den veranlassenden Vorgang zu voller Helligkeit zu erwecken, damit auch den begleitenden Affekt wachzurufen, und wenn dann der Kranke den Vorgang in möglichst ausführlicher Weise schilderte und dem Affekt Worte gab. Affektloses

Erinnern ist fast immer völlig wirkungslos« (1895a, S. 85). Dann konzentrierte sich Freud auf seine heute immer noch umstrittene Triebtheorie. Der einzige Affekt, der in der Psychoanalyse weiterhin wichtig war, war die Angst.

Auch Melanie Klein befaßte sich in sofern mit Affekten, als sie orale Wut, Gier und Neid ins Zentrum ihrer Überlegungen rückte. Diese mächtigen Motive des menschlichen Lebens führt sie auf einen Lebens- und Todestrieb zurück. So steckt in jedem Menschen ein fundamentaler Konflikt zwischen Haß und Liebe. Diese archaischen Affekte sind so elementar, daß sie nach Melanie Klein (1962) in der sogenannten schizoid-paranoiden Position abgewehrt werden müssen und erst in der depressiven Position zu einem Ausgleich gelangen.

In der Folge beschäftigte sich Winfried Bion (1967) mit den Affekten. Für ihn gehen sie auf die archaische Wurzel der animalischen Natur des Menschen zurück, entsprechen während der nonverbalen Kommunikation einer Art Affektsprache und bestimmen maßgeblich die unbewußten Phantasien. Die frühen archaischen Affekte sind für das kleine Kind zunächst »unverdaulich« – Bion nennt sie »Beta-Elemente« – und müssen erst über den Austausch mit darauf eingehenden wichtigen Bezugspersonen »verdaut« werden, um für das Bewußtsein und damit für die seelische Entwicklung überhaupt zugänglich zu werden. Bion nennt dieseAffekte dann »Alpha-Elemente«.

Was in der psychoanalytischen Selbstpsychologie als Fähigkeit der Empathie oder Einfühlung verstanden wird, geschieht in der Nomenklatur Bions über »projektive Identifikation« und »container/containend«. Damit ist gemeint, daß sich der Analytiker bei entsprechend empathischem Einfühlen in die archaischen Beta-Elemente des Patienten über einen affektiv stark bewegenden Prozeß identifiziert und diese in verarbeiteter Form dem Subjekt zurückvermittelt.

Vitalitätsaffekte

Die Bedeutung dieser besonderen Affekte offenbart sich jedem, wenn er einen Säugling im Kontakt mit seiner Mutter beobachtet. Der Körper des Kindes reagiert spontan auf freudige Zuwendung mit Lachen und Strampeln, auf Verluste mit Trauer und körperlichem Abwenden. Man sieht, wie die affektive Stimmung des Kindes die Mutter – dasselbe gilt natürlich auch für den Vater und jede andere Bezugsperson – affektiv beeinflußt und umgekehrt. Wie dieses feine, Affekt und Körper gleichermaßen ergreifende Geschehen abläuft, wird an zahlreichen Forschungsstätten auf Videofilme gebannt und danach minutiös ausgewertet. Darauf einzugehen würde hier zu weit führen. Wichtig sind aber für den Zusammenhang von Affekt und Körper die sogenannten Vitalitätsaffekte. Wie der Name sagt, beeinflussen sie unsere gesamte Vitalität, und zwar ständig.

Gemeint sind nicht die uns schon bekannten kategorialen Affekte wie Freude, Trauer und so weiter, sondern Affektsequenzen, also ganze Abläufe affektiver Art, wie wir sie in der Sexualität aus der Folge von Anspannung und Entspannung kennen. Das Entscheidende ist die durch Beginn, Verlauf und Ende charakterisierte Sequenz des Geschehens. Nach Daniel Stern (1992, S. 83ff.) gibt es auffallende, verblassende, flüchtige, explosionsartige, anschwellende, abklingende, berstende und sich hinziehende Vitalitätsaffekte – elementare Vorgänge des Lebens. Wir können sie auch im »abstrakten Tanz« und in der Musik studieren, etwa in der Choreographie eines Balletts, denken wir an Strawinskys »Le sacre du printemps«. Hier werden archaische Affekte erst langsam angedeutet, steigern sich dann zunehmend, um einen Höhepunkt aufzubauen und sich schließlich dramatisch zu entladen. Ein weiteres eingängiges Beispiel ist Ravels »Bolero« (mehr darüber im Kapitel »Affekt und Musik«).

»Vitalitätsaffekte sind abhängig von der Intensität, dem Zeitpunkt des Auftretens und von der Form der kategorialen Affekte sowie von Bewegungsmustern, die sie auslösen, verstärken oder in ihrer Wirkung abschwächen« (Lichtenberg 1989, S. 82). Sie »schließen die Reaktion der Pflegepersonen auf die angeborenen

Programme des Säuglings für Bewegungsmuster und -abläufe ebenso ein wie die kategorialen Affekte bei erfolgreicher oder nicht erfolgreicher Einstimmung und Regulation« (S. 82). Unangenehme Erfahrungen in der frühen Kindheit bleiben unbewußt, bestimmen aber dennoch das affektive und körperliche Geschehen. Sie können »Modellszenen« (Lichtenberg 1999) bilden; das sind Inszenierungen, welche die miteinander interagierenden Bezugspersonen unwillkürlich erfassen und die sich im averbalen körperlichen Geschehen unbewußt wiederholen. Lichtenberg zitiert das Beispiel einer Patientin, die als Kind voller Neugier und Tatendrang in der Annahme, es sei etwas Gutes, an eine gefährliche Lauge geriet und sich dadurch schmerzhafte Verätzungen im Mund zuzog. Später wiederholte die Patientin unbewußt das Muster einer neugierigen Annäherung gegenüber Menschen und Gegenständen ihrer Umgebung, schreckte dann aber unwillkürlich zurück, auch wenn dazu äußerlich kein Anlaß war. Sie war unbewußt davon gesteuert, daß das, was sie freudig-neugierig begehrt, höchst gefährlich und schädlich ist. Erst als sich dieses Muster in der Psychoanalyse mehrfach wiederholte, konnte es langsam verstanden, gedeutet und durchgearbeitet werden. Damit verlor sich die lebensbehindernde Sequenz dieses Vitalitätsaffekts.

Die Ergebnisse der empirischen Säuglingsforschung haben sich längst, wenn auch nicht überall, auf die psychoanalytische Methodik und Technik ausgewirkt. Davon zeugt zum Beispiel das von Shapiro und Emde herausgegebene Buch »Affect: Psychoanalytic Perspectives« (1992), in dem prominente Psychoanalytiker wie Charles Brenner, Otto F. Kernberg und Michael F. Basch die Bedeutung der Affekte für die psychoanalytische Behandlung herausstellen. Ich komme anhand selbst behandelter Fälle auf ähnlich typisch affektive Situationen zurück.

Während die Psychoanalyse die Affekte über weite Strecken vernachlässigte, besonders während der Zeit der Ich- und Objektbeziehungspsychologie, befaßten sich gleichsam extraterritorial, neben der Psychoanalyse sich entwickelnde Richtungen intensiv mit der Thematik Affekt und Körper. Zu nennen sind die Primärtherapie Arthur Janovs, meist als »Schreitherapie« abgewertet, die Bioenergetik von Alexander Lowen und die Gestalttherapie Fritz Perls. Eine Richtung dieser Entwicklungen, nämlich die von Daniel Casriel (1975), schuf dabei eine durchaus psychoanalytisch orientierte, affektbetonte Gruppentherapie, die heute in abgewandelter Form in einigen psychosomatischen beziehungsweise psychotherapeutischen Kliniken, wie zum Beispiel in Bad Herrenalb, mit bestem Erfolg angewendet wird. Hier wurden die Affekte und ihre elementare Wirkung für die delitäre Entwicklung von Neurosen, psychosomatischen Krankheiten und Psychosen ebenso berücksichtigt wie bei der späteren Bearbeitung in einer kombinierten psychoanalytisch orientierten Körperpsychotherapie. Hier umarmen sich zwei Menschen, wie es im Klinik-Jargon heißt, »auf der Matte« liegend. In solch einer Situation treten unweigerlich Affekte verschiedenster Art auf, und zwar sowohl kategoriale als auch Vitalitätsaffekte. Werden die im dichten Kontakt hervorkommenden Affekte später angemessen analysiert, können sie im nachhinein verstanden und in die Persönlichkeit integriert werden.

Die Psychoanalyse entdeckt die Leidenschaften

In jüngster Zeit hat auch die Psychoanalyse die Affekte wiederentdeckt. André Green (2000) rückt sie allerdings in die Nähe der Psychosen. Immerhin beschreibt er Leidenschaften und ihre Schicksale ganz ähnlich wie ich es schon 1978 herausgestellt hatte. André Green formuliert:

»Das Ich schickt sich in den Trieb wie die Psyche (im Trieb) in das Körperliche. Das Subjekt leidet unter seiner Leidenschaft. Es ist darin nicht Akteur, sondern Patient. Die Leidenschaft beherrscht das Subjekt, unterwandert seine Vernunft und praktisch sein gesamtes Seelenleben. Sie entfremdet es seinem Objekt. Sie bestimmt seine Handlungen. Das Subjekt handelt nicht mehr, sondern wird zum Objekt von Handlung, handelt reaktiv-agiert« (2000, S. 76).

Auch die heute in der modernen Psychoanalyse oft zitierten Autoren wie zum Beispiel C. Bollas (1997) oder T. H. Ogden

(1995) befassen sich in neuer Weise mit Affekten. Affekte entscheiden vielfach darüber, ob sich ein Leben in wachsender Lebendigkeit entwickelt oder ob es erstirbt, um sich letztlich wie tot zu fühlen. Derartige delitäre Entwicklungen hängen im hohen Maß von äußeren Umweltfaktoren ab. Im Endeffekt kann eine Mutter, deren Gefühle erstorben sind, wie eine »tote Mutter« (Green 1993), in ihrem Kind keine Lebendigkeit hervorrufen, so daß diesem nichts anderes übrigbleibt, als seinerseits keine Gefühle zu entwickeln und sich wie tot zu fühlen. Peter Schraivogel (2000) beschrieb einen derartigen Fall unter dem Titel »Negative Präsenz als Schwerkraft psychischen Lebens – eine klinische Studie zur psychischen Lebendigkeit im psychoanalytischen Prozeß« in eindrucksvoller Weise.

Ich möchte auf meine eigenen Definitionen zum Affekt zurückgreifen, wie sie in meinem 1978 erschienenen Buch über »Die menschlichen Leidenschaften« in einem Plädoyer für Leidenschaftlichkeit zusammengefaßt sind (nachzulesen in der Neuauflage »Liebe, Haß, Neid, Eifersucht – Eine Psychoanalyse der Leidenschaften«, 1994). Hier möchte ich meine Auffassung in der Formulierung von Hans-Peter Kapfhammer wiedergeben:

»Affekte stellen ... vitale Reaktionsmöglichkeiten dar, die in ihrem heftigen, zeitlich aber kurzen Ablauf von einem physiologischen Erregungszustand begleitet sind. Vor einem entwicklungspsychologischen Hintergrund sind hiermit in erster Linie jene affektiven Äußerungen erfaßt, die auf wichtige innerseelische und körperliche Zustandsveränderungen hinweisen, eine diskrete kognitive Inhaltsdimension besitzen, die sich in erster Linie über eine sozialkommunikative Funktion erschließt. Dieser Inhaltsaspekt ist für die Person erst nach Erreichen einer selbstreflexiven Entwicklungsstufe subjektiv bedeutsam, wenngleich meist erst nach Ablaufen des Affektgeschehens erfaßbar. Dies ist in den Momenten des präverbalen Entwicklungsabschnitts für das Kind noch nicht möglich. Hier ist es sinnvoll, den Begriff der ›Affekte‹ besser als ›Affektzustände‹ innerhalb eines Systems der frühen Mutter-Kind-Interaktionen zu definieren. Der Systemgedanke setzt aber nicht voraus, daß Mutter und Kind im Erlebnismoment tatsächlich miteinander interagieren.

Das schreiende Kind kann z. B. seinen aktuellen Bedürfniszustand auch in Abwesenheit der Mutter artikulieren. Die biosoziale Signalfunktion des Distressaffekts im Schreien verweist aber inhärent auf eine Mutter. In der Charakterisierung der ›Affekte‹ als ›Affektzustände‹ müssen aber notwendigerweise auch jene ›ruhigeren‹ Affekte wie Freude oder Interesse berücksichtigt werden, die weniger auf eine unmittelbare Veränderung des aktuellen Systemzustandes drängen, sondern vielmehr eine Fortsetzung des Erlebens, sei es alleine oder in Anwesenheit eines Interaktionspartners, als wünschenswert und lustvoll anzeigen.

Affekte bedeuten ... Herausbewegung einer lebensgeschichtlich bedingten, spezifisch persönlichen Subjektivität. Sie beziehen sich auf die beiden Pole von Lust und Unlust. Auch sie tragen Zeichen einer körperlichen Erregung. ... Vor einem entwicklungspsychologischen Hintergrund sind hiermit jene subjektiven Gefühle gemeint, die nach Erreichen einer ersten Identität in einem selbstreflexiven Akt als bedeutsam erlebt werden können. Sie stellen einerseits die auf ein höheres Entwicklungsniveau transformierte Grundlage eines ›affektiven Selbstkerns‹ ... dar, geraten andererseits durch den Zugewinn eines Sprach- und Symbolsystems erstmals in eine bewußt erlebbare Spannung zu öffentlichen Standards, Normen und Erwartungen. Fortan können Gefühle (hier würde ich lieber ›Affekte‹ sagen, Peter Kutter) entweder in einer vorrangig dem ganz privaten Erleben zugehörigen primärprozeßhaften Kodierung oder in einer vorrangig der Öffentlichkeit zugewandten sekundärprozeßhaften Strukturierung dem Subjekt zugänglich sein.

Leidenschaften sind ... intensive, lang andauernde, auf ein Ziel konzentrierte, triebhafte Erregungsformen ... vor einem entwicklungspsychologischen Hintergrund spielen erotische und aggressive Phantasien in ihnen eine entscheidende Rolle. Sie können einerseits ein unverwechselbares Gefühl autonomer Stärke und sexuell-aggressiver Vitalität vermitteln, aber auch in Folge ihres inhärenten Bedrohungspotentials besondere intraspezifische Abwehroperationen nötig machen, um eine äußere Affektentwicklung nicht zu gefährden« (1995, S. 37f.).

Um Affekte im Lauf einer langfristigen Psychoanalyse entbinden zu können, dürfen dem Psychoanalytiker derartige Empfindungen selbst nicht fremd sein.

Der analytische Prozeß muß neben dem Arbeiten an den Phantasien in der Übertragung auch eine Art positive »Re-Affektualisierung« einschließen, wodurch die abgewehrten Affekte dem Ich wieder verfügbar werden. Häufig tauchen hierbei auch bis dahin nie gefühlte, weil entweder früh unterdrückte oder nie geförderte Affekte in der Analyse auf. Diese müssen dann mit Hilfe einer »Verbalisierung« (A. Freud 1965, S. 31) ins Ich des Patienten integriert werden. Dabei entspricht der »Affektualisierung« der Sprache eine »Versprachlichung« der Affekte. Bislang beziehungslos und wortlos gebliebene primitive Affekte wie etwa diffuse Wut über Versagungen werden zu objektbezogenem, verbalisiertem Haß. Zwei Fallvignetten sollen das verdeutlichen.

Im ersten Fall geht es um eine Patientin mit hysterischen Symptomen, die sich von Geburt an von der Mutter abgelehnt fühlte und die die dadurch bedingte schmerzliche Entbehrung durch Schreien, später durch Schlagen des jüngeren Bruders linderte. In der Beziehung zum Vater hoffte sie, die entgangene Zuwendung zu erhalten. In dieser ödipal fixierten Konstellation ihrer Objektbeziehungen begann sie die Analyse und fühlte sich prompt vom Analytiker ebenso abgelehnt wie von Mutter und Vater. Deutungen ihrer Angst vor Zuwendung, ihrer Rachegefühle gegenüber der versagenden Mutter, ihrer verzweifelten Werbung um den Vater in der Übertragung führten zwar zur Entlastung, nicht aber zu nachhaltiger Entspannung. Erst nachdem die Patientin in einer Phase stärkster negativer Übertragung im Schutz der analytischen Situation all ihren Haß in Form lauten Schreiens, Kreischens und verzweifelten Schluchzens zum Ausdruck bringen konnte, gelang es ihr, eine positive Beziehung zum Analytiker und damit zum Vater aufzubauen. Gleichzeitig konnte sie ihre Rache an der Mutter überwinden und eine ungeahnte, natürliche Weiblichkeit entfalten.

Beim zweiten Fall handelt es sich um eine als Kind von Vater und Mutter schwerst benachteiligte Frau mit psychosomatischen

Störungen. Sie litt viele Jahre an unklaren Gallen- und Magenbeschwerden. Kurz vor Beginn der Therapie sollte der Uterus wegen starker Myome entfernt werden. Im ersten Psychoanalysejahr war sie äußerst verhalten, ohne Affekte, kühl und abweisend. Dann entwickelte sich parallel laufend mit einer Besserung ihrer Körperbeschwerden eine zunehmende Wut auf die Gesellschaft sowie ihre tatsächlichen und vermeintlichen Mißstände. Diese Wut wurde im dritten Analysejahr durch einen mehr gezielten Haß auf die Männer weitgehend abgelöst. In der Übertragung mußte die Patientin mir immer wieder ihren Haß gleichsam ins Gesicht schleudern. Nach derartigen emotionalen Ausbrüchen war sie tief entspannt und konnte zuvor liegengebliebene Arbeiten zügig erledigen. Den Haßausbrüchen folgte bald eine leidenschaftliche Übertragungsliebe, die in einer Ebene die ödipale Liebe zum Vater wiederholte, in einer anderen aber einer neuen, nie erfahrenen Beziehung galt, nämlich einem nun zu bejahenden, guten männlichen Objekt. Während dieser Phase der Analyse machte die Patientin beachtliche Fortschritte in ihrer Entwicklung. Sie konnte sich aus sie zuvor sehr einengenden Verhältnissen lösen und neue Beziehungen auf höherem Niveau eingehen.

Mit diesen zwei Fallbeispielen wollte ich zeigen, daß eine »gesteuerte Affektualisierung« der Ich-Funktionen nicht immer eine Abwehr wie die negativ zu verstehende »Affektualisierung« im Sinn Arthur Valensteins (1962) sein muß, sondern durchaus einer progressiven Bewegung in Richtung auf eine Bereicherung des Erlebens entsprechen kann. Das gilt ebenso für eine größere Affektivität der Persönlichkeit wie für eine größere Leidenschaftlichkeit in den zwischenmenschlichen, insbesondere sexuellen Beziehungen. Gesunde, ins Ich integrierte Leidenschaftlichkeit kann sich aber auch als Enthusiasmus äußern, mit dem wir an eine interessante Aufgabe herangehen, sei sie nun wissenschaftlicher, politischer oder künstlerischer Natur, oder als Begeisterung, mit der wir uns für einen uns wichtigen Menschen oder für eine gute Sache engagieren.

Historische Aspekte

Mit dem deutschen Wort Leidenschaften, das englisch am besten mit *passions* übersetzt wird, sind nicht Angst, Trauer, Schuld- oder Schamgefühle gemeint, sondern sogenannte aktive und soziale Affekte, die K. Landauer »libidinal affects« (1938, S. 405) nannte, die essential menschlich sind und deren Verlust wir bedauern würden. Man könnte auch mit E. G. Schachtel (1959) von »Aktivitätsaffekten« sprechen, das sind positive Spannungen, die in jede Handlung eingehen und für die Kommunikation maßgebend sind. Magda B. Arnold (1960) hebt sie als »Impulsaffekte« oder »kämpferische Affekten« von den übrigen ab. Mit derartigen Affekten hat sich die Psychoanalyse im Lauf ihrer historischen Entwicklung insgesamt wenig befaßt, obwohl Sigmund Freud 1895 schrieb:

»Affektloses Erinnern ist fast immer völlig wirkungslos; der psychische Prozeß, der ursprünglich abgelaufen war, muß so lebhaft als möglich wiederholt, in statum nascendi gebracht und dann ausgesprochen werden« (1985a, S. 85).

Von dieser Auffassung des frühen Freud hat sich die Psychoanalyse streckenweise weit entfernt: in den angelsächsischen Ländern auf dem Höhepunkt der ich-psychologischen Phase, in Frankreich durch den Einfluß von Lacan, der sich ausschließlich auf die Sprache konzentrierte, in Deutschland durch Bestrebungen, die Psychoanalyse als Sozialwissenschaft und »Interaktionstheorie« zu verstehen. Nicht von ungefähr haben dann andere neue Psychotherapien den Affekten einen zentralen Platz eingeräumt, so die klientenzentrierte Psychotherapie von Carl Rogers und die Primärtherapie Arthur Janovs (1975). Ich persönlich halte diese Entwicklung der Psychoanalyse nicht für gut und meine, daß es ihr nicht schadet, sondern eher nützt, wenn sie sich in verstärktem Maß in Theorie und Praxis um Affekte kümmert. Dazu sind aber Differenzierungen zwischen Affekten und Leidenschaften erforderlich.

Affekte beziehen sich stets auf ein Objekt, sie sind insofern ein soziales Phänomen. Sie haben immer auch mit Vorstellungen und Phantasien zu tun. Sie zeichnen sich durch zeitlich kurzen

Ablauf, große Kraft und einen begleitenden physiologischen Erregungszustand aus. Im Gegensatz zu Gefühlen sind sie stets reaktiv.

Etymologisch stammt das Wort Affekt von dem lateinischen Verb *afficire* ab, das wörtlich heißt: hinzutun, einwirken, anregen. Affekte sind Abfuhrvorgänge, bei denen Spannung, lustvolle oder unlustvolle, abreagiert wird.

Leidenschaften sind ebenso wie Affekte heftig und intensiv, aber nicht kurzdauernd, sondern lang anhaltend. Sie können, zeitlich gesehen, über Wochen und Monate, über Jahre den Menschen bewegen, ja sein gesamtes Leben ausfüllen. Hinsichtlich einer Definition von Affekt und Leidenschaft sind die Ausführungen Immanuel Kants (1798) noch heute unübertroffen, so daß ich sie wörtlich zitieren möchte. »Der Affekt ist Überraschung, er ist übereilt. Die Leidenschaft nimmt sich Zeit, um sich tief einzuwurzeln. Der Affekt wirkt wie ein Wasser, das den Damm durchbricht, die Leidenschaft wie ein Strom, der sich in seinem Bette immer tiefer eingräbt.«

Leidenschaften versetzen den Menschen über einen »qualitativen Sprung« in einen höheren Grad von Ergriffenheit. Quantitativ gesehen lassen sie keine anderen Regungen neben sich zu. Leidenschaft im hier vorgetragenen Sinn ist nicht passiv im Sinn des lateinischen »passio« zu verstehen, sondern als eine aktive Kraft. Im Gegensatz zu den Trieben führt sie aber nicht zur Entspannung. Ein leidenschaftlicher Mensch bleibt stets in Spannung. Das heißt: Leidenschaft sucht unter dem Druck ihrer Triebfedern, Sexualität und Aggressivität, ihre Ziele dadurch zu erreichen, daß sie sich ausdrückt. Die Art und Weise dieses Ausdrucks hängt dabei von der spezifischen Persönlichkeit des betreffenden Menschen ab.

Affekte suchen immanent wichtige Ziele zu erreichen, sie wirken auf andere Menschen ein. Philosophen haben sie mit dem »Willen zum Leben« (A. Schopenhauer) oder dem »Lebenstrieb« (F. Nietzsche) gleichgesetzt. Wenn sie nicht in Form einer Charakterneurose oder einer psychosomatischen Krankheit gebunden sind, können sie sich als leidenschaftlicher Haß, heiliger Zorn oder auch leidenschaftliche Liebe entladen. Derartige Affekte sind konstruktiv, »gekonnte« Leidenschaften, im Gegensatz zu destruktiven, »ungekonnten« Leidenschaften, wie zum Beispiel blinder Haß. So verstanden sind Affekte positiv zu bewertende psychische Kräfte, die jeweils nach Ziel, Ursprung und Objekt gesondert betrachtet werden müssen. Affekte wie Liebe und Haß, Eifersucht und Neid weisen hierbei starke Unterschiede auf.

Beispiele für ausgelebte Leidenschaften finden sich in der Mythologie en masse: die männertötende Amazone Penthesilea und die von Rache erfüllte Medea zeugen von leidenschaftlichem Haß.

Leidenschaftliche Liebe ist bei Jean-Jacques Rousseau »la grande Passion« mit dämonischer Unwiderstehlichkeit, die sich allerdings in ihrem Feuer oft selbst verzehrt. Ein bekanntes Beispiel für leidenschaftliche Eifersucht ist Othello, wie überhaupt die Shakespeareschen Dramen eindringlich zum Ausdruck bringen, was Leidenschaften vollbringen können. Dasselbe trifft auch für die Romane und Novellen Stendhals, Balzacs und die der großen russischen Erzähler Tolstoj und Dostojewskij zu.

Verfolgt man die psychoanalytische Literatur unter dem Aspekt der Affekte, dann ergibt sich ein sehr widersprüchliches Bild. Man bekommt den Eindruck einer Entwicklung mit progressiven und regressiven Phasen, mit einer verschieden weit reichenden Annäherung an den Gegenstand, einem phobischen Vermeiden des Themas, dem sich wiederum eine vorsichtige Wiederannäherung anschließt. Nach meinen persönlichen Eindruck überwiegt dabei die Abwehr gegenüber der Annäherung bei weitem.

1936, während des IPV-Kongresses in Marienbad, war die Psychoanalyse den Leidenschaften sehr nahe: Karl Landauer sprach ausdrücklich über »Passions«, das sind genau die Leidenschaften, die ich meine. Marjorie Brierley (1938) nannte Affekte »essentielle Ich-Erfahrungen«, die in enger Beziehung mit dem Körper-Ich stehen. Im Hinblick auf die Therapie war für Brierley das Durcharbeiten wie eine »Drainage der zurückgebliebenen Affekttaschen« (S. 266), gefolgt von einem »stabilisierenden Prozeß der Ich-Assimilierung und der Re-Integration«.

Der wichtige Beitrag David Rapaports (1953) mit seiner Konflikttheorie der Affekte scheint mir dagegen eine Entfernung vom Gegenstand der Affekte darzustellen. Affekte sind hier lediglich Abfuhrkanäle wie hysterische Attacken. Leidenschaften sind Affektstürme, die sich entweder motorisch oder sekretorisch in das Innere des Körpers entladen, anstatt sich als objektbezogene Handlung auszuwirken. Im Gegensatz zu Rapaport bin ich jedoch der Meinung, daß sich Affekte oder Leidenschaften sehr wohl in durchaus positiv zu wertender Weise in Form zielgerichteter Handlungen auf ein Objekt beziehen können.

Samual Nowey hat sich 1959 und 1961 ausführlich aus klinischer Sicht um eine Theorie der Affekte bemüht. Seine Ansätze scheinen mir eine Wiederannäherung an das Thema zu sein: Affekte sind hier »Derivate der Triebe«. Sie wirken sich gleichermaßen physiologisch, psychologisch und motorisch aus. Genetisch entstehen sie aus primären, infantilen Affekten. Nowey kommt meiner Auffassung von Affekten als Leidenschaften sehr nahe, wenn er von »anhaltenden Stimmungszuständen des Menschen« (1959, S. 99) spricht. Er geht auch auf therapeutische Implikationen ein, indem er die Wiederbelebung der von ihm so genannten »Affektzustände« im Lauf der Analyse betont, denen er durchaus »konstruktive Aspekte« (S. 102) abgewinnt. Seiner Meinung nach sind Affekte »nicht nur störende psychopathologische Erfahrungen, sondern auch Versuche der Wiedererlangung einer stabileren und konstruktiveren Integration der Persönlichkeit. Nowey sieht die Affekte, bei aller Schwierigkeit, sie in Worte zu fassen, letztlich als für die Psychoanalyse entscheidend an, besonders die »non-verbale Kommunikation«. In seiner zweiten Arbeit (1961) spricht er von »sentiments«, um einen Komplex fundamentaler affektiver Zustände zu beschreiben, die in ihrer Mischung von Phantasien, Verhalten und Ausdruck ebenso wie die »anhaltenden Stimmungszustände« an die von mir hervorgehobenen aktiven Leidenschaften erinnern.

Arthur Valenstein (1962) gelangt dagegen wieder zu einer eher negativen Bewertung. In seiner Sicht sind Affekte motorische Entladungen in den Körper, die ohne Bezug auf die äußere Welt ablaufen. Im Gegensatz zur Motilität, die sich in Handlungen umsetzt, rufen sie in dieser negativen Bewertung ihrerseits keine Veränderungen in Richtung auf andere Objekte hervor. Affekte stellen in dieser Sicht geradezu einen Widerstand gegenüber Einsicht dar. Die gesamte Emotionalität erscheint unter Bezugnahme auf eine Arbeit von A. Siegman (1954) als eine »hysterische Charakterabwehr«. Sie führt im Verlauf der psychoanalytischen Therapie zu Agieren und ist damit ein Widerstand gegenüber dem Erinnern. Diesen Einsatz von Affekten im Verlauf der psychoanalytischen Therapie nennt Valenstein »Affektualisierung« (1962, S. 317). Erhöhte Leidenschaftlichkeit wird damit zu einer Schwierigkeit für die Technik. Roy Schafer (1964) lokalisiert Affekte in Begriffen einer Persönlichkeitspsychologie (S. 290). Er spricht von »Affekt-Repersonifizierung« und hebt die Rolle des Körpers und der psychosexuellen Zonen bei den Affekten hervor. Er betont ihre Bedeutung für Kommunikation und Integration der Persönlichkeit. Kritisch betrachtet wirkt der Text Roy Schafers sehr abstrakt und in seiner Betonung von acht Kategorien, in die die Affekte unterteilt werden, übersystematisiert, um nicht zu sagen, zwanghaft.

In dieser gleichsam zwanghaften Phase der Entwicklung einer Theorie der Affektivität vermisse ich eine durchgehende Anerkennung der Affekte als integrierenden Bestandteil der menschlichen Persönlichkeit. Dasselbe trifft für die Arbeit von James M. Alexander und Kenneth S. Isaacs (1964) zu, die ebenfalls eine Systematisierung der Affekte versuchen, dabei Bekanntes wiederholen, wenn auch hier eine versöhnende positive Wertschätzung der Affekte durch die Betonung ihrer integrativen Funktion und ihre Beziehung zum Selbst, zur Realitätsprüfung und zu den Objekten erkennbar wird. Das stoische Ideal der Affektlosigkeit wird vorsichtig in Frage gestellt, und hinsichtlich der Selbstrepräsentanzen wird in Parenthese gesagt: »Was man fühlt, ist man.« Ganz ähnlich formulierte ich – in Abwandlung des cartesianischen »cogito, ergo sum« – »sentio, ergo sum« (»ich fühle, also bin ich«; Kutter 1978, S. 23) im Hinblick auf eine Wiederentdeckung von Leidenschaftlichkeit als zu bejahendem Wert. Im Panel über die »psychoanalytische Theorie der Affekte«, veranstaltet von der Amerikanischen Psychoanalytischen Vereinigung (Löfgren 1968), scheint schließlich all das verloren, was 1936 auf dem Marienbader Kongreß als hoffnungsvoller Zugang zur Welt der Affekte aussah. Es geht nun um den motorisch-mimischen Ausdruck der Affekte, die kommunikativen Aspekte und um neurophysiologische Zusammenhänge. Man befaßt sich mit der Frage, ob Affekte unbewußt oder bewußt sind und ob sie ebenso wie die Angst eine Signalfunktion haben. Das zeigt, daß die Abwehrphase in der Auseinandersetzung der Psychoanalyse mit den Affekten mit ihrem intellektuellen Bemühen um deren kognitiven Aspekte auf einem traurigen Höhepunkt angelangt ist.

Später nähert sich die psychoanalytische Vereinigung wieder vermehrt einer intensiveren Auseinandersetzung: 1974 war eine Tagung der Amerikanischen Psychoanalytischen Vereinigung wiederum dem Thema der Affekte gewidmet (Castelnuovo-Tedesco 1974). Es folgt der umfassende Artikel Charles Brenners (1974) über die »Natur und Entwicklung der Affekte, eine einheitliche Theorie«. Affekte erscheinen jetzt nicht mehr als etwas, was dem Ich passiv-rezeptiv widerfährt, sondern als Kräfte, die das Ich auf aktive Weise für eigene Zwecke nützen kann (Brenner 1974, S. 316). M. B. Arnolds Modell entwirft eine Objektbeziehungstheorie der Affekte, die sich mit meiner Betonung des Objektbeziehungsaspekts der menschlichen Leidenschaften durchaus deckt. Das Bemühen der amerikanischen Psychoanalytiker bleibt indes vorwiegend theoretisch orientiert. Neben der neuen Objektbeziehungstheorie bleibt die alte Entladungstheorie der Affekte in der Diskussion, wogegen Leo Rangell (1967) beide Theorien im Rahmen der Strukturtheorie zu belassen versucht. Charles Brenner spricht von einzelnen, obwohl miteinander in Beziehung stehenden Affekten, betont ihre extrem individuelle Natur (1974, S. 533) und hebt die Bedeutung der Ich-Entwicklung für die Affekte hervor. Insofern sind entwicklungsbedingte Veränderungen der Affekte unabdingbar bezogen auf Veränderungen, die ein notwendiger Teil der Ich-Entwicklung sind (S. 538). Insgesamt erscheinen Affekte als »komplexe seelische Phänomene«, die sowohl Lustempfinden einschließlich der Unlust als auch Phantasien umfassen. Sie sind abhängig von der Ich- und später auch von der Über-Ich-Entwicklung, beginnen früh im Leben und sind in herausragender Weise mit Triebspannung bei Befriedigungsmangel und Triebentladung bei Triebbefriedigung verbunden.

In Brenners Ansatz ist die enge Verknüpfung der Affekte mit der Ich-Entwicklung zu begrüßen. Ich stimme auch seiner Definition der Affekte als Komplexe seelischer Phänomene unter der Bedingung zu, daß »Empfindungen« und »Phantasien« auch die körperlich-physiologischen Abläufe umfassen. Damit, so scheint es, ist ein Fortschritt in Richtung auf eine Re-Integrierung der Affekte in die Psychoanalyse geleistet. Er besteht darin, daß Affekte nicht mehr losgelöst vom Ich, ohne Verbindung zum Objekt und vor allem nicht ohne körperliche Prozesse betrachtet werden. Phantasie, Empfindung und affektiv-körperliches Geschehen werden vom Ich erfahren und wirken sich in Haltungen, Handlungen, im Verhalten in bezug auf andere Menschen durchaus positiv, das heißt zweckmäßig und sinnvoll aus. Nur so scheint mir die alte stoische Entwertung der Affekte und die cartesianische Trennung von Affekt und Denken aufgehoben. Den aktuellen Stand der Diskussion der Psychoanalytiker über Affekte spiegelt schließlich die neueste Arbeit von André Green (2000) wider, auf die ich oben schon hingewiesen habe.

Unterschiedliche Theorieansätze

Der klassische triebtheoretische Ansatz

Heute gilt die psychoanalytische Triebtheorie wegen ihrer nicht klar differenzierbaren wissenschaftlichen, gleichermaßen physiologische und psychologische Begriffe verwendenden Sprache als vorwissenschaftlich (Compton 1981, S. 194). Dabei sind Freuds Hypothesen über mentale Prozesse und Phantasien am ehesten durch Daten aus psychoanalytischen Behandlungen abgesichert, wogegen die neurophysiologischen Anteile seiner Theorie eher als »erklärende Propositionen in einem neurologischen Kontext« (S. 207) erscheinen.

Was Triebe sind, wurde nie klar definiert. Zunächst wurde der Sexualtrieb neben Hunger und Durst als elementares Bedürfnis aufgefaßt, dann den Ich-Trieben gegenübergestellt, schließlich wieder unter einem eher monistischen Aspekt nach der Einführung des Narzißmus-Konzepts (Freud 1914a) als Ich-Libido verstanden, die in Beziehungen zu Objekten investiert wird oder im Fall der Selbstliebe im Subjekt verbleibt. Liebe und Haß werden zwar nicht direkt mit Trieben gleichgesetzt, aber indirekt in engem Zusammenhang mit Sexual- und Ich-Trieben gesehen (Freud 1915a).

Trotz der genannten Einschränkungen können jedoch folgende Hypothesen als konstruktive Ansätze zu einer psychoanalytischen Affektstheorie gelten:

- Affekte beziehen sich sowohl auf das Subjekt selbst (Selbstliebe nach narzißtischem Typus) als auch auf ein Objekt (Objektliebe nach dem Anlehnungstypus).
- Affekte machen eine Entwicklung durch, die von unreifen bis zu reifen Stadien voranschreitet (psychoanalytische Entwicklungstheorie). Dabei ist die Differenzierung der Affekte im Lauf der individuellen Entwicklung von der während der Stammesgeschichte zu unterscheiden.
- Affekte sind vielfach unbewußt. Das heißt, der Mensch wird eher sekundär durch Affekte gesteuert, als daß er primär die Affekte steuert.
- Affekte geraten häufig mit Steuerungsinstanzen der Person in Konflikt und werden dadurch verändert (psychoanalytische Konflikttheorie).
- Affekte betreffen gleichermaßen seelische und körperliche Phänomene. Dabei sind es die mentalen Prozesse der mit Affekten einhergehenden unbewußten Phantasien, die die Psychoanalyse interessieren.
- Affekte zeigen das Phänomen der Ambivalenz, des gleichzeitigen Vorkommens von zwei sich widersprechenden Affekten gegenüber ein und derselben Person.

Der motivationstheoretische Ansatz

George S. Klein (1967) hat eine an Informationstheorie und Kybernetik orientierte Motivationstheorie vorgelegt, die sich gut in die kognitionstheoretischen Ansätze der akademischen Psychologie integrieren läßt. Ausgangspunkt der Theorie Melanie Kleins ist die in Übereinstimmung mit Freud stehende klinische Beobachtung, daß abgewehrte Affekte nach Überwindung der Widerstände während des analytischen Prozesses mit »starker Intensität« und »wundervoller Frische« wieder lebendig werden können. Die damit verbundenen Phantasien bilden zusammen mit Affekt und Handlung eine kognitiv-affektiv-motorische Einheit. Derartige mit Affekten eng verbundene Phantasien werden durch spezifische Reize aus der Umwelt ausgelöst und können der Verdrängung anheimfallen. Trotz der Verdrängung bleibt die gesamte Einheit von Phantasie, Affekt und Handlung als zusammenhängendes *pattern* aktiv und behält ihre Richtung und Intensität bei. Sie entspricht einer Art Programm erlebter Erfahrungen und den dazugehörigen affektiven Dispositionen und Handlungen. Die Phantasien lassen sich dabei durchaus sprachlich ausdrücken. Das gesamte abgewehrte *pattern* bildet nun eine »primäre Region gestörten Gleichgewichts« *(inbalance).* Wird dieser Störbereich durch äußere oder innere Reize aktiviert, resultiert daraus so etwas wie ein Motiv zum Handeln. Dazu ein Beispiel: Ein Mann fühlt sich durch eine attraktive Frau angeregt und stellt sich in freudiger Erwartung vor, sich ihr zu nähern. Ohne ihre Gegenwart empfindet er einen eher traurigen Affekt. Diese affektiven Antizipationen drängen zum Handeln. Dabei hat die Handlung der Annäherung für mehrere Menschen in dieser Situation je nach den vorausgegangenen Erfahrungen eine ganz verschiedene Bedeutung. So kann ein und dieselbe Handlung für den einen Menschen zu Angst und Hemmung, für den anderen zu exploratorischem Verhalten führen. Dabei sind es die affektiven *Qualitäten,* die das Verhalten beeinflussen, nicht *quantitative* »Affekt-Beträge« (Freud 1895a). Das Beispiel zeigt die Wichtigkeit des Objekts, die Rolle der Wahrnehmung – in unserem Beispiel einer visuellen – sowie die des

Denkens und Handelns (Annäherung bzw. exploratorisches Verhalten im obigen Beispiel). Erinnert das Objekt an ungelöst gebliebene Konflikte der Kindheit, werden Abwehrprozesse ausgelöst. In deren Verlauf wird der abgewehrte Gedankengang mit den dazugehörigen Affekten gleichsam »abgeschaltet«. Je nachdem, welche Bereiche der kognitiv-affektiv-motorischen Elemente durch die Abwehr betroffen werden, kommt es zu verschiedenen Resultaten: (1) Die Handlung kann bei erhaltenem Affekt blockiert sein. (2) Die Affekt wird abgewehrt, während das kognitive Element aktiviert bleibt. (3) Die beteiligten Affekte lösen Konflikte aus, die, wenn sie nicht gelöst werden können, zu gestörtem Verhalten führen.

Der ich-psychologische Ansatz

Mit der durch Sigmund Freud (1923) eingeleiteten und von Anna Freud (1946), Hartmann, Kris und Loewenstein (1946) und anderen ausgebauten klassischen Ich-Psychologie verlagern sich auch die Interessen der Psychoanalyse von der triebhaften Ursache der Affekte auf deren Verarbeitung. Die Frage ist: Wie verarbeitet das Ich die Affekte, und wie erkennbar verändern sie sich im Lauf der Differenzierung des Ich? Dabei wird die Entwicklung der Affekte durch Wahrnehmen, Denken und Urteilen wesentlich beeinflußt. Werden bestimmte Affekte als bedrohlich erlebt, setzen Abwehrmechanismen ein. Die damit verbundenen kognitiven und affektiven Prozesse verlaufen unbewußt, können aber durch Psychoanalyse bewußt gemacht werden. Bewußt werdende Affekte wirken für das Ich wie ein Signal (Rapaport 1953). So signalisiert beispielsweise Angst Gefahr (Freud 1926). Durch die »synthetisierende Funktion des Ich« (Nunberg 1930) können verschiedene Affekte in die Persönlichkeit integriert werden.

Der strukturtheoretische Ansatz

Mit der Entwicklung der Ich-Psychologie verstärkt sich die Tendenz der Psychoanalytiker, mit Strukturmodellen zu arbeiten. Das Strukturmodell Ich/Es/Über-Ich wurde weiter ausgebaut in der Repräsentanzenlehre von Selbst- und Objektrepräsentanzen (Jacobson 1973; Kernberg 1978). Gleichzeitig wurde die Theorie der Abwehrmechanismen differenziert (Moser 1964) und durch Computersimulation überprüft (v. Moser, Zeppelin u. Schneider 1978). Dies führte dazu, die Affekte unter einem speziell strukturellen Gesichtspunkt zu sehen. De Rivera (1977) entwickelte eine Strukturtheorie der Affekte, die sich gut mit psychologischen Theorien verbinden läßt (Arnold 1960, 1970; Tomkins 1979). Er unterscheidet drei Sets von Affekten, die sich entlang der drei Dimensionen *belonging, recognition* und *being* bewegen. Eingeteilt danach, ob ein Affekt auf andere zu oder von anderen weg gerichtet ist, gibt es sechs Typen: Liebe, Wertschätzung, Akzeptanz (in Richtung auf den anderen zu) sowie Ärger, Verachtung, Zurückweisung (in der Richtung vom anderen weg). Daß die theoretisch abgeleiteten Affekte auch tatsächlich vorkommen, konnte durch Überprüfung einer vorgegebenen Liste mit den Bezeichnungen der Affekte über die Einschätzung durch Collegestudenten abgesichert werden (De Rivera 1977, S. 117).

Der objektbeziehungstheoretische Ansatz

Im Zentrum der psychoanalytischen Objektbeziehungspsychologie steht die Beziehung zwischen Mensch und Mitmensch (Kutter 1982). Das Objekt, also eine wichtige andere Bezugsperson, oder genauer: die *Beziehung* zwischen Subjekt und Objekt, ist der entscheidende Gesichtspunkt (Fairbairn 1952; Winnicott 1974). Die äußerlich beobachtbaren Beziehungen lassen sich, wenn sie einmal internalisiert sind, als mentale Prozesse beschreiben. Von dort können sie nach erfolgter Externalisierung in der psychoanalytischen Situation in der Beziehung zwischen

Patient und Analytiker wiedergefunden werden. Theoretisch sieht man sie im psychoanalytischen Modell von Ich/Es/Über-Ich als internalisierte Objektbeziehungen, die bei normaler Entwicklung in die mentale Struktur integriert, in pathologischen Fällen dagegen desintegriert bleiben. Zu den internalisierten Objektbeziehungsstrukturen gehören Muster affektiver Dispositionen, die, dem Konzept Georg Kleins (1967) nicht unähnlich, zusammen ein *pattern* bilden (Kernberg 1978, S. 86), in dem ebenso Repräsentanzen des Selbst wie des Objekts einschließlich der dazugehörigen Affekte eine Einheit bilden. Sie sind das Resultat früher Erfahrungen der Kindheit. So wird zum Beispiel ein von einer wenig einfühlsamen, unberechenbaren Mutter lieblos und kaltherzig aufgezogenes Kind die in dieser Beziehung gemachten unlustvollen Erfahrungen verinnerlichen und als ein *pattern* speichern, in dem diese Beziehungserfahrungen zusammen mit den dazugehörigen Affekten verbunden sind. Die entsprechenden affektbesetzten Beziehungsmuster können dann im Erwachsenenalter durch Beziehungsmuster, die denen der Kindheit ähnlich sind, bei aktuellen Anlässen reaktiviert werden und die derzeitige Beziehung mehr oder weniger beeinflussen. Die gespeicherten früheren Erfahrungen können im psychoanalytischen Prozeß kognitiv überprüft und nachträglich korrigiert werden, was allerdings eine entsprechende »Affekttoleranz« (Krystal 1975) voraussetzt, das heißt die Fähigkeit, Affekte wie Angst oder Trauer aushalten zu können, ohne sie abwehren zu müssen.

Entwicklungspsychologische und biologistische Ansätze

Die entwicklungspsychologische Seite der Affekte wurde besonders von Rado (1969) herausgearbeitet. Er unterscheidet im Sinn eines evolutionären Prinzips vier psychologische Ebenen der Integration und Steuerung: eine *hedonistische Ebene*, in der Lust und Schmerz ausschlaggebend für das Verhalten sind, eine *archaische Ebene*, gekennzeichnet durch primitive Wut oder

Angst, gefolgt von Kampf oder Flucht, eine Ebene *affektiven Denkens*, auf der zum Beispiel ärgerliche Gedanken zu dominantem Verhalten oder ängstliche Vorstellungen zu unterwürfigem Verhalten führen, sowie eine Ebene *unaffektiven Denkens*, in der wichtige Ereignisse der Umgebung verdrängt, gehemmt oder anders abgewehrt werden.

Eine eher biologistische Orientierung mit Betonung bestimmter »organismischer Zustände« und biologisch vorgegebener Kontrollmechanismen vertritt Bowlby (1973). In seinem Modell haben Affekte die Funktion von Monitoren, die ebenso auf innere körperliche Zustände wie auf äußere Ereignisse der Umwelt reagieren. Registriert das Ich die auf den Monitoren erscheinenden Affekte, kann es diese prüfen, vergleichen und dann entscheiden zu handeln.

Anwendungen auf die Psychotherapie

Das psychoanalytische Verfahren findet unter Nutzung von Traumanalyse, Widerstandsanalyse und Analyse von Übertragung und Gegenübertragung vorwiegend im sprachlichen Raum statt. Die die Sprache begleitenden Affekte werden dabei ständig unter Nutzung der sogenannten Gegenübertragung (das sind die gefühlsmäßigen Reaktionen des Psychoanalytikers auf die Affekte des Patienten) beachtet. Dazu kommt die ständige theoretische Berücksichtigung der psychoanalytischen Konflikt-, Abwehr- und Krankheitslehre (Loch 1999). So ist die Affektivität *zwangsneurotisch* strukturierter Patienten weitgehend durch die Abwehrmechanismen der Affektisolierung, Intellektualisierung, Rationalisierung und Reaktionsbildung zurückgedrängt. Ziel der Psychotherapie ist es somit, die mit dem Fühlen und Äußern von Affekten verbundenen Ängste mit Unterstützung des Analytikers tolerieren zu lernen.

Hysterisch strukturierte Patienten im Sinn der psychoanalytischen Neurosenlehre setzen dagegen Affekte unbewußt als Abwehr ein, um angsterregenden Konflikten auszuweichen. Der Affekt ist hierbei übersteigert und der realen Situation gegenüber unangemessen. So kann Wut oder Zorn als »Affektualisierung« (Valenstein 1962) die Funktion eines Widerstands gegenüber der Erkenntnis peinlicher Einsichten annehmen. Das ist jedoch die Ausnahme. In der Regel werden nach erfolgter Abwehr die unlustvollen Affekte nicht mehr wahrgenommen. Ein spezieller Abwehrmechanismus verdient in diesem Zusammenhang noch besonders erwähnt zu werden, nämlich der des »Voneinander-getrennt-Haltens« oder der »Spaltung« (M. Klein 1962): Durch einen derartigen Abwehrmechanismus kann zum Beispiel mörderischer Haß, der ohne Abwehr eine liebevolle Beziehung zerstören würde, von den liebevollen Gefühlen getrennt gehalten werden; dieser Abwehrmechanismus ist für die heute oft diagnostizierten Borderline-Fälle (Kernberg 1978) charakteristisch.

Schizophrene Verhaltensstörungen sind das Resultat komplizierter Abwehrmechanismen mit dem Ziel, massive Affekte vom Bewußtsein abzuhalten, da diese wegen ihrer archaischen Struktur, ihrem frühen Entwicklungsstand entsprechend, viel schwerer kontrollierbar sind als zu neurotischen Störungen gehörende Affekte; wären sie dem Bewußtsein zugänglich, würden sie zum Zusammenbruch des Ich führen. Psychotherapeutisch wird man deshalb vermeiden, durch analytische Maßnahmen die Affekte aufzudecken, sondern eher mit stützenden Maßnahmen oder Verhaltenstherapie behandeln. Eine »aufdeckende« psychoanalytische Therapie mit dem Ziel, die abgewehrten Affekte wieder erlebbar zu machen, setzt immer voraus, daß die gefürchteten unlustvollen Erfahrungen der Kindheit erneut durchlebt werden. Das erfordert nicht nur ein einigermaßen stabiles Ich auf seiten des Patienten, sondern auch die Fähigkeit des Therapeuten, sich den in unserer Kultur stark abgewehrten zerstörerischen oder als »pervers« empfundenen Affekten im Rahmen eines verläßlichen Arbeitsbündnisses zu stellen, um dem Klienten im nachhinein die Gelegenheit zu geben, zu reiferen Konfliktlösungen zu kommen, als ihm dies während seiner Kindheit unter ungünstigen Bedingungen möglich war.

Kleine Systematik der Affekte

Angst

Angst hat die Funktion eines Signals bei Gefahr. So kann Angst vor einer sexuellen Begegnung unbewußt die Gefahr einer Verletzung bedeuten. Als Folge davon wird jede Möglichkeit sexuellen Kontakts vermieden, im weniger ausgeprägten Fall zwar gesucht, wobei es zu Potenz- und Orgasmusstörungen kommen kann. Genauso lassen sich eine Eßhemmung, Bewegungshemmung oder Arbeitshemmung formal erklären. Der Ablauf läßt sich so vorstellen: Der sexuelle Wunsch führt wegen der Gefahr der Verletzung zu Signalangst. Darauf folgen Abwehrbemühungen des Ich und darauf schließlich das gehemmte Verhalten mit Unterlassen der sexuellen Handlung oder unbewußter Abwehr mit Symptombildung (Beispiel: psychogene Armlähmung). Auch Zwangshandlungen und Zwangsdenken lassen sich auf Ängste vor unbewußten Gefahren zurückführen. Bei den Phobien sind es bestimmte Gegenstände oder Situationen, auf die die ursprünglich auslösende Angstsituation projektiv verschoben wird. So hatte der »kleine Hans« (Freud 1909) nicht mehr Angst vor dem als Rivalen gefürchteten Vater, sondern vor einem Pferd, oder die Angst vor einer verschlingenden Mutter wird durch Ängste vor gefräßigen Spinnen ersetzt. Mit der entstandenen Symptombildung ist in jedem Fall die Gefahr vermieden, die durch das Angstsignal ausgelöst wurde. Damit ist die Funktion von Angst relativ gut erklärt.

Ungeklärt bleiben aber die Art des speziellen Affekts Angst, ihre körperlichen Begleiterscheinungen mit gesteigerter Atmung und Herzfrequenz und ihre damit verbundenen psychischen Wahrnehmungen. Vorläufer der Angst könnte das Geburtserlebnis sein (Freud 1926; Rank 1923). Wahrscheinlicher ist die Überlegung, daß der gefürchteten Gefahr die Angst vor der Hilflosigkeit und Verlassenheit als Säugling zugrunde liegt (Trennungsangst). In einer späteren Entwicklungsstufe der Kindheit kommt die Angst vor Liebesverlust hinzu, die Angst vor Verletzung (auf dem Höhepunkt der ödipalen Phase zwischen dem 3. und 6. Lebensjahr), gefolgt von der Angst vor Strafe (ab dem 4. Lebensjahr). Für die therapeutische Intervention ergibt sich als wesentliche Nutzanwendung, daß die Angst nur dann überwunden werden kann, wenn die ursprüngliche angsterregende Situation analysiert wird.

In psychoanalytischer Terminologie ist Angst immer unbestimmt und objektlos, im Gegensatz zur Realangst, deren Ursache wir kennen. Aber auch Realangst ist für viele Menschen bedrohend, wenn sie unbewußt frühere angsterregende Situationen wiederbelebt. Neben Trennungsangst, Verletzungsangst und Strafangst kennt die Psychoanalyse noch die Schamangst, als die Angst vor Beschämung. Angst ist eine Conditio humana, Reiz für Entwicklung, Differenzierung und Aufbau psychischer Strukturen. Wird Angst überhaupt nicht als Affekt wahrgenommen, etwa bei narzißtischen Persönlichkeitsstörungen und Borderline-Fällen, handelt es sich immer um eine ernste Störung.

Trauer

Das psychoanalytische Trauerkonzept geht auf Freud (1916) zurück. Der gesunde Affekt Trauer wird dort von der krankhaften Melancholie als psychiatrischer Erkrankung abgegrenzt. Trauer ist eine Reaktion auf bestimmte Situationen: Verlassensein (wobei die Intensität der Trauer dem Ausmaß der Abhängigkeit vom Objekt entspricht), Enttäuschung vom anderen oder sich selbst (hier ist es die Diskrepanz zwischen Ideal-Selbst-Konzept und realem Selbst im Rahmen eines narzißtischen Regulationskreises, von dessen Ausmaß Trauer oder gesundes Selbstwertgefühl abhängen), gegen sich selbst gewendete Aggressivität in Form von Ärger, Wut, Zorn oder Rache (im Rahmen dieses Regulationskreises der Aggressivität spielen neben Trauer und gegen sich selbst gerichtete Wut regelmäßig auch Schuldgefühle, Reue und Wiedergutmachungstendenzen eine Rolle).

Zur Trauer gehören körperliche Erschöpfung, ständiges Denken an die verlorene Bezugsperson, Schuldgefühle, feindselige Reaktion und ein Verlust bisher stabilisierender Verhaltensweisen. Durch Trauerarbeit (Freud 1916, S. 431; Lindemann 1944, S. 143) kann Trauer überwunden werden. Voraussetzung dazu ist, daß man Gefühle der Trauer zulassen und äußern kann. Demgegenüber ist Ausweichen vor Trauerarbeit pathologisch und mit der Gefahr neurotischer, psychotischer oder psychosomatischer Störung verbunden. Abgewehrte Trauer bleibt weiter wirksam und kann sich in Hypochondrien, zwanghaftem Verhalten und unmotiviertem Weinen äußern.

Wut, Zorn, Ärger

Zwar berichtete Freud in seinen klinischen Schriften immer wieder von aggressivem Verhalten (1900, 1905, 1923), aber er ließ das Problem der Aggressivität in seinen theoretischen Schriften erstaunlicherweise offen. Freud schreibt 1930:

»Die Schicksalsfrage der Menschenart scheint mir zu sein, ob und in welchem Maße es ihrer Kulturentwicklung gelingen wird, der Störung des Zusammenlebens durch den menschlichen Aggressions- und Selbstvernichtungstrieb Herr zu werden. In diesem Bezug verdient vielleicht gerade die gegenwärtige Zeit ein besonderes Interesse. Die Menschen haben es jetzt in der Beherrschung der Naturkräfte so weit gebracht, daß sie es mit deren Hilfe leicht haben, einander bis auf den letzten Mann auszurotten. Sie wissen das, daher ein gutes Stück ihrer gegenwärtigen Unruhe, ihres Unglücks, ihrer Angststimmung. Und nun ist zu erwarten, daß die andere der beiden ›himmlischen Mächte‹, der ewige Eros, eine Anstrengung machen wird, um sich im Kampf mit seinem ebenso unsterblichen Gegner zu behaupten. Aber wer kann den Erfolg und Ausgang voraussehen?«

Anna Freud (1948) sowie J. Lampl-de Groot (1960) haben das Problem der Aggressivität dahingehend gelöst, daß sie neben dem Sexualtrieb einen biologisch vorgegebenen Aggressionstrieb annehmen. Unabhängig von der Triebhypothese läßt sich ihrer Ansicht nach aggressives Verhalten genauso wie sexuelles Verhalten in Entwicklungsphasen beschreiben. Alexander Mitscherlich (1956/57) spricht darüber hinaus von vor-gekonnter und gekonnter Aggressivität, wobei letztere im Sinn von Assimilation aktiv handelnd die Umwelt gestaltet. Daneben existiert die destruktive Aggressivität, die sich als *Grausamkeit* äußern kann und nicht nur das Leben einzelner Menschen, sondern ganzer Völker bedroht (Mitscherlich 1969). Gewalt kann von Aggressivität unterschieden werden: Mit Hacker (1973) kann Gewalt als »offene, manifeste, meist physische Ausdrucksform der Aggression« verstanden werden. Sie ist eine Disposition, die jederzeit geweckt werden kann, wie die sozialpsychologischen Experimente Milgrams (1974) zur Gehorsamsbereitschaft gegenüber Autorität beweisen.

In der klinischen Praxis lassen sich die Affekte Wut, Zorn und Ärger regelmäßig auf Kränkungen, Versagungen oder Enttäuschungen zurückführen. Es handelt sich insofern eindeutig um reaktive Affekte. Dazu kann auch das Schreien des kleinen Kindes als Reaktion auf Mißhandlung oder Alleingelassenwerden (Socarides 1977) gerechnet werden. Schreien bringt nicht mehr tolerable Affekte von Zorn und Wut über »Vokalisierung« und »Weinen« zum Ausdruck.

Ärger kann wie Angst als ein »Problemsignal« (Verres u. Sobez 1980, S. 47; Socarides 1977, S. 377f.) wirken, wobei es dem steuernden Ich überlassen bleibt, zu entscheiden, ob das ärgerliche Verhalten eher einer Störung im Hinblick auf ein bestimmtes Ziel entspricht oder das Erreichen dieses Ziels durch eine adaptive Umorientierung fördert. In diesem Fall hätten wir es mit einem konstruktiven Ärger zu tun, wobei »blinde Wut« – vergleichbar mit der nicht als Signalangst funktionierenden, automatischen Angstreaktion – eher verhaltensschädigend wirken würde. Zorn könnte wiederum konstruktiven Zielen dienen, selbst leidenschaftlicher Haß, etwa der eines unterjochten Volkes gegenüber seinen Herrschern. Werden Wut und Ärger unterdrückt, können Depressionen oder psychosomatische Erkrankungen die Folge sein.

In therapeutischer Hinsicht ist das Akzeptieren negativer Affekte das erste Gebot. Deren kontrollierte, dosierte und gesteuerte Äußerung etwa in Form sportlicher oder künstlerischer Aktivitäten das zweite.

Sarkasmus und Schadenfreude (Socarides 1977, S. 391, 427f.) sind subtile Möglichkeiten der Äußerung sonst abgewehrter Aggressivität. Rache ist eine Affekt mit dem Ziel des gerechten Ausgleichs für erlittene Kränkungen (klassisches Beispiel aus der Mythologie: Elektras Rache an ihrer Mutter Klytämnestra, die zuließ, daß der geliebte Vater Agamemnon ermordet wurde). Massive aggressive Affekte sind meist mit einer Störung der Fähigkeit zu lieben verbunden (Socarides 1977, S. 403f.).

Liebe

Freuds Ansätze zu einer Sexual- und Libidotheorie sind weit davon entfernt, die vielschichtigen Phänomene des Liebens und Geliebtwerdens zu erklären. Lieben ist ein wechselseitiger Prozeß des Gebens und Nehmens, der sich in verschiedenen Entwicklungsphasen realisiert. Die *erste Liebe* ist der Wunsch des kleinen Kindes, von der Mutter geliebt zu werden, ein Wunsch, der teils aus unvermeidlicher, teils aus unnötiger Versagung zwangsläufig frustriert wird und reaktiv Schreien, später Ärger, Wut und Zorn auslöst. Als ungestillte Sehnsucht bleibt diese *primäre Liebe* oder *Ur-Liebe* (Balint 1966) bei vielen Menschen wirksam.

Die *zweite* Liebe ist die aktive *ödipale Liebe* in der triangulären Konstellation des Kindes zwischen Mutter und Vater (für das Mädchen jetzt gegenüber dem Vater, während für den Jungen das geliebte Objekt überwiegend die Mutter bleibt). Diese Liebe scheitert wegen der Kleinheit des Kindes zwangsläufig, nichtsdestoweniger wird sie aber ebenfalls unbewußt aufrechterhalten. Lieben und Geliebtwerden sind insofern von der Kindheit her mit Enttäuschungen verknüpft. Dem Wiederholungszwang (Freud 1921) folgend, besteht die Gefahr, daß sich enttäuschende Beziehungsmuster der Kindheit in der Liebe des Erwachsenen wiederholen.

Soll Liebe »leidenschaftlicher Dialog« (Kutter 1978) in Form reifer Liebe sein, müssen eine ganze Reihe von Voraussetzungen erfüllt sein:

- Ängste vor sexuellem Verhalten sollten überwunden sein;
- Haß, Neid und Ablehnung des anderen Geschlechts dürfen nicht stören;
- die eigene Person und der Partner sollen so erlebt werden, wie sie sind, das heißt nicht durch Fehleinschätzungen, unbewußte Übertragungen oder Projektionen verzerrt;
- jeder der beiden Beteiligten sollte sich in seiner Person als vom anderen unabhängig, keinesfalls symbiotisch ungetrennt empfinden;
- krankhaftes Mißtrauen sollte durch gesundes Vertrauen in sich selbst und den anderen ersetzt sein;
- jeder sollte fähig sein, sich identifikatorisch in den anderen einfühlen und sich ihm oder ihr hingeben können;
- zärtliche Nähe sollte angstfrei toleriert werden können.

Ist die durch die oben genannten Bedingungen gekennzeichnete Separations-Individuations-Phase im Sinne von Mahler, Pine und Bergman (1980) mißglückt, wiederholen sich laufend symbiotische Bindungen, die eine reife, den anderen in seiner Eigenständigkeit respektierende Liebe nicht gestatten. In der Verliebtheit wird die kindliche Sehnsucht wiederbelebt und scheint dann befriedigt, wenn der Partner positiv reagiert. Das andere große Hindernis reifer Liebe stammt in psychoanalytischer Sicht aus nicht bewältigten Konflikten der ödipalen Phase.

Lieben ist insofern ein komplizierter Prozeß, in dem zwar Sexualität und Aggressivität eine große Rolle spielen, nicht minder wesentlich sind aber Selbstachtung, Selbstvertrauen und eine relative Unabhängigkeit. Reife Liebe wird nie ganz frei von unreifen Vorformen sein, auch nicht frei von negativen Affekten. Sie ist aber insofern immer ein ganzer Komplex von Affekten, in dem positive Affekte der Zärtlichkeit negative der Angst oder des latenten Hasses durchaus beschwichtigen können (Näheres siehe im Kapitel »Liebe«).

Neid

Neid ist ein Affekt, der innerhalb einer Zweierbeziehung entstehen kann, wenn ein anderer materiell oder geistig über etwas verfügt, das man selbst nicht hat, aber sich wünscht. Neid wird durch den Beneideten ausgelöst und entspricht einem zehrenden, nagenden Gefühl, das zum Ressentiment oder »Lebensneid« werden kann, wenn all das, was der andere hat, zwanghaft entwertet wird. Ist der Neider vom Beneideten abhängig, hat er dadurch, daß er das beneidete Selbst entwertet hat, sich indirekt selbst geschädigt. Haß auf den Beneideten und Selbstschädigung sind insofern Begleiterscheinungen von Neid. Spezielle Formen von Neid sind *Geschlechterneid,* wie er in Form des Penisneids (Freud 1933) viel geschmäht und sattsam bekannt ist, weniger als Neid des Mannes auf die unerschöpflichen Potenzen der Frau (ein Kind zu gebären, Milch zu spenden und über Leben und Tod des Kindes zu entscheiden). Der andere Neidkomplex ist der *Generationenneid:* Dabei darf neben dem Neid des Kindes auf die Macht der Eltern der Neid der Älteren auf die Jugend und deren Vitalität nicht vergessen werden.

Therapeutisch kann Neid auf zwei Wegen behandelt werden: Erstens kann das Beneidete in sich selbst entdeckt und entfaltet werden, und zweitens lernt der Klient einzusehen, daß man nicht alles haben kann, ohne sich deswegen leer oder wertlos fühlen zu müssen. Außerdem hat jeder etwas, was der andere nicht hat. Damit werden allerdings Geschlechts- und Generationenunterschiede ebensowenig aufgehoben wie die Unterschiede zwischen reich und arm, wohl aber relativiert, und somit leichter tolerierbar (mehr darüber bei Kutter 1994).

Eifersucht

Eifersucht bezieht im Gegensatz zu Neid stets drei Personen ein. Typisch ist die von Freud ausführlich beschriebene ödipale Eifersucht des Jungen auf den Vater, der diesem die Mutter wegzunehmen scheint. Diese Konstellation wird häufig in Szenen wiederbelebt, in denen dem »Eroberer« die geliebte Person weggenommen wird. Zur Liebe zur Geliebten und zum Haß auf den Rivalen gesellt sich der Haß auf das geliebte Objekt, das sich von einem selbst einem Dritten zuwendet. Dazu kommen Scham, Schuldgefühle und Minderwertigkeitsgefühle und die Angst, verlassen zu werden. Die im »Eifersuchtskomplex« (Kutter 1978, S. 129) gebundenen einzelnen Affekte können vielfach abgewehrt werden, sind aber durch Psychoanalyse grundsätzlich wiederzubeleben und einer nachträglichen Integration in die Persönlichkeit zugänglich. Dabei bereitet die dem Eifersüchtigen zugewiesene Ur-Kränkung der Zurückweisung (in dem Wunsch, gegenüber dem verhaßten Rivalen vorgezogen zu werden) mit ihrer reaktiven Distanz und Selbstüberschätzung das größte Hindernis (s. Kutter 1994).

Schuldgefühle

Schuldgefühle lassen sich auf dem Hintergrund des psychoanalytischen Strukturmodells von Ich/Es/Über-Ich als ein Gefühl verstehen, daß das Ich genauso gegenüber dem Über-Ich empfindet wie das kleine Kind gegenüber einem Elternteil, wenn es etwas verbrochen hat. In der psychoanalytischen Praxis lassen sie sich hinter Selbstbestrafungstendenzen relativ leicht entdekken. Schwieriger aufzulösen sind Schuldgefühle nach Trennungen von einem Objekt, das von einem selbst abhängig ist (Trennungsschuld), und Schuldgefühle nach Liebesentzug. Menschen mit früher emotionaler Entbehrung empfinden kaum Schuldgefühle, da sie innerhalb eines symbiotischen Bandes noch nicht fähig sind wahrzunehmen, was sie einem andern antun. Die in früheren Jahrzehnten häufigen Schuldgefühle wegen sexueller Wünsche sind heute seltener, wogegen die Schuldgefühle gegenüber einem symbiotischen Objekt, von dem sich ein Klient trennen möchte, häufiger beobachtet werden.

Schamgefühle

Schamgefühle lassen sich, ähnlich wie Trauergefühle, auf eine Diskrepanz zwischen idealem und realem Selbst zurückführen. Sie entstehen dann, wenn ein Kind nicht den Erwartungen der Eltern entspricht, wenn es seine eigenen Erwartungen nicht erfüllt oder wenn zwischen den elterlichen und den eigenen Idealen Diskrepanzen bestehen. Der kombinierte Affekt Schamangst ist eine Reaktion auf eine befürchtete Zurückweisung. Scham tritt häufig bei sexuellem Verhalten in Zusammenhang mit Befürchtungen auf, eigene Erwartungen nicht erfüllt zu haben. Realistische Selbsteinschätzung und Erkennen der eigenen Schwächen und Grenzen ist der beste Schutz gegen übermäßige und belastende Scham. Schamgefühle können ebenso wie Angst- und Schuldgefühle leicht abgewehrt werden und zu Verhaltensstörungen führen. Sollen sie aufgelöst werden, ist eine Wiederholung der peinlichen Affekte unumgänglich. Gegenüber früheren Zeiten haben Schamgefühle heute häufiger mit Identitätsstörungen zu tun, wogegen Schamgefühle wegen sexueller Wünsche angesichts der gesellschaftlichen Liberalisierung der Sexualität seltener geworden sind.

Weitere Affekte

Hinter *Nostalgie* verbirgt sich oft unbefriedigte Sehnsucht nach einem verlorenen Objekt (Socarides 1977), hinter *Pathos* verborgener Schmerz, Haß und Schuldgefühle, wogegen *querulantes Verhalten* einer Unfähigkeit zu vergeben entspricht. Pathologische *Großzügigkeit* ist Abwehr gegenüber Furcht, von anderen zurückgewiesen zu werden, *Langeweile* gegenüber unerfüllt erlebter schmerzlicher Sehnsucht und *Selbstüberheblichkeit* vielfach Abwehr gegenüber Wut. *Horror* hat häufig mit abgewehrten aggressiven Impulsen archaischer Art zu tun, wobei die abgewehrte Aggressivität projektiv zum Beispiel über die Figuren eines Horrorfilms indirekt befriedigt werden kann.

Schmollen entspricht einem narzißtischen Rückzug auf sich

selbst, wobei die Aggressivität dieses Verhaltens an den aufgeworfenen Lippen mimisch erkennbar ist. Sich dem Affekt *Freude* voll und ganz überlassen zu können, setzt ein gesundes, die eigene Vitalität bejahendes Ich voraus. *Enthusiasmus* prägt wie eine Leidenschaft die gesamte Persönlichkeit langfristig und schließt Freundlichkeit, Herzlichkeit, Sympathie und Liebe ebenso ein wie Begeisterung, Inspiration und Kreativität.

Mein Körper und ich – Säuglingsforschung und Selbstpsychologie

Sit mens sana in corpore sano.

Die Überschrift »Mein Körper und ich« spricht jeden an, denn es geht um etwas Lebensnotwendiges. Die alten Lateiner wünschten sich in ihrem »Sit mens sana in corpere sano« eine gesunde Seele in einem gesunden Körper. Während der NS-Zeit wurde der Körper einseitig überschätzt, indem er als ein gesunder Körper vor allem der Wehrertüchtigung diente. Heute sorgen Aerobic- und Fitness-Studios für die erwünschte körperliche Erscheinung. Richtig ist, daß ein gutes Körpergefühl Grundlage für seelisches Wohlbefinden und für ein stabiles Selbstbewußtsein ist. Die Beziehung zwischen Körper und Ich ist aber immer, trotz Philosophie und psychosomatischer Medizin, merkwürdig ungeklärt. Begeben wir uns also auf eine spannende Entdeckungsreise.

Das Leib-Seele-Problem

Bin ich mein Körper, oder habe ich einen Körper? Das haben sich schon die griechischen Philosophen Plato und Aristoteles gefragt. Stehen Körper und Ich in einem Ausschließlichkeitsverhältnis gegeneinander, oder arbeiten sie miteinander?

Wir können uns selbst zum Gegenstand der Untersuchung machen, sei es als Seele, Geist oder Körper. Dann machen wir unseren Körper zum Objekt. Wir können aber auch uns selbst als Subjekt erleben. Dann ist die Frage: Ist dabei der Körper eingeschlossen oder nicht?

Descartes hatte in seinen Meditationen behauptet, Geist und Körper seien zwei unterschiedliche Substanzen. Der Körper gehöre zur »res extensa« der Materie, der Geist beziehungsweise die Seele dagegen seien Ideen oder Bilder. Er prägte den folgenschweren Satz »cogito, ergo sum« – ich denke, also bin ich. Dieses Diktum empfand ich immer als eine gröbliche Einengung auf das Denken. Wo bleibt das Fühlen? Wo bleibt der Körper? Ich wandelte den Satz von Descartes um in »sentio, ergo sum« – ich fühle, also bin ich (Kutter 1978). Damals kam es mir auf die Affekte an; darauf, daß diese, gegenüber dem Geistigen oder Seelischen, nicht zu kurz kommen. Heute möchte ich in diesem Kapitel in der Beziehung zwischen uns und unserem Körper die körperliche Dimension betonen und dabei neben dem affektiven Geschehen besonders die Körperempfindungen herausstellen. Um dahin zu kommen, möchte ich Sie – gestatten Sie bitte die direkte Anrede – bitten, die Höhen der Philosophie zu verlassen und den Versuch zu machen, einmal zu überprüfen, wie Sie selbst Ihren Körper wahrnehmen.

Eigene körperliche Erfahrungen

Versuchen Sie, einfach wahrzunehmen, wie Sie beim Lesen sitzen: entspannt, verkrampft; ob Sie den Kopf in die Hand aufstützen oder frei tragen, ob Sie nach hinten gelehnt oder nach vorn gebeugt sind. Versuchen Sie auch auf den Atem zu achten, ob Sie in vollen Zügen atmen oder nur flach. Versuchen Sie einzelne Körperregionen gezielt wahrzunehmen: wie der Kopf auf den Schultern steht, wie die Arme liegen, was die Beine tun, wie sich der Po anfühlt. Sind mit diesen Körperwahrnehmungen angenehme Gefühle verbunden oder unangenehme?

Wie immer es Ihnen gegangen sein mag, ich persönlich hatte reichlich Mühe, meinen eigenen Körper wahrzunehmen. Ich erinnere mich, als Jugendlicher nach Sport wie Skifahren oder Schwimmen ein angenehmes Müdigkeitsgefühl im Körper empfunden zu haben. Im übrigen kümmerte ich mich aber nicht um meinen Körper. Zentnerschwere Säcke voll Kohlen oder Kartoffeln waren mir nie schwer genug. Später sagten mir die Orthopäden, daß ich dadurch meine Bandscheiben ruiniert habe. Erst über den Schmerz im Kreuz nahm ich dann etwas von meinem Körper war, registrierte die Schmerzsignale, beachtete die Lokalisation des Schmerzes und dessen Ausstrahlungen. Mittlerweile war ich auch Neurologe geworden und konnte die Nervenwurzelschäden genau zwischen 4. und 5. Lendenwirbel sowie zwischen 5. Lenden- und 1. Sakralwirbel lokalisieren.

Aber erst durch die von mir als liebevoll und zärtlich empfundene Berührung durch eine Krankengymnastin wurde ich richtig auf den vernachlässigten Bereich meines Körpers aufmerksam und konnte nach und nach den abgespaltenen Bereich in mein Körperbild integrieren. Von da an ging ich sorgsamer mit meinem Körper um; nicht mehr so rücksichtslos, ja gewalttätig. Spät, aber nicht zu spät, lernte ich das kennen, was der amerikanische Psychoanalytiker Krystal (1988) die »Capacity of Self-Care« nennt, die Fähigkeit, für sich selbst zu sorgen; wohlgemerkt: unter Einschluß des Körpers. Wenn Sie das nicht tun, dann machen Sie ebenso wie ich unangenehme Erfahrungen: Es kommt zu Schmerzen, zu Funktionsstörungen, ja zu strukturellen Veränderungen an den Organen.

Unser Körpererleben ist ein subjektiver Ausdruck von Körper und Seele (Brähler 1995). Deswegen ist es so wichtig, sich des eigenen Körpers bewußt zu werden, ihn sich gleichsam wie ein Haus anzueignen, in dessen verschiedene Zimmer man gehen kann, um sich dort wohl zu fühlen, um darin zu wohnen.

Frauen haben damit weniger Schwierigkeiten: Ab der Pubertät werden sie alle vier Wochen an ihre Organe erinnert. Dadurch sind sie eher als die Männer motiviert und gewohnt, auf sich acht zu geben. Das zahlt sich mit einer deutlich höheren Lebenserwartung auch aus: In Deutschland wurden 1997 Frauen erstmals im Durchschnitt über 80 Jahre alt, Männer nur 73! Wir zahlen für die Vernachlässigung oder Mißhandlung unseres Körpers einen hohen Preis, nämlich mit psychosomatischen Krankheiten. Deshalb können wir nicht umhin, uns diesen häufigen Störungen unseres Körpers zuzuwenden.

Körperliche Störungen seelischen Ursprungs

Freud hat vor über 100 Jahren in seinen »Studien zur Hysterie« (1895a) beschrieben, wie sich aufregende oder ängstigende seelische Vorstellungen störend auf den Körper auswirken. Er nannte diesen mysteriösen Sprung vom Seelischen ins Körperliche »Konversion«; das heißt, etwas Seelisches wird in etwas Körperliches umgewandelt. Dabei wird der Körper gleichsam zum Projektionsfeld unserer Phantasien. Im ausgehenden 19. Jahrhundert waren das bei der kollektiven Verdrängung von Sexualität, insbesondere bei Frauen, sexuelle Wünsche, Ängste und Strafvorstellungen (die Männer konnten bei der damaligen Doppelmoral ins Bordell gehen!).

Als Konversionssymptome treten zum Beispiel Herzschmerzen auf, ohne daß sich am Herz organisch etwas finden läßt; auch Krämpfe oder Lähmungen bleiben neurologisch ohne organisches Substrat. Jeder Körperteil kann befallen werden, wobei die Organwahl oft im dunkeln bleibt. Sexuelle Konflikte werden vom Genitale auf andere Körperregionen verschoben, wie zum Beispiel in den Kopf (es ist mir in den Kopf gestiegen, wer hat dir den Hals verdreht?) oder in die Hand (die das Verbotene anfassen will: Reich' mir die Hand, mein Leben).

Wie uns Freud gezeigt hat, drehen sich die sexuellen Konflikte immer um drei Personen; jeder steht als Kind zwischen Mutter und Vater. Dabei begehre ich (als erste Person) die eine (als zweite Person) und möchte den dabei störenden Dritten aus dem Feld schlagen.

Bei den heute so verbreiteten psychosomatischen Störungen, also massiven körperlichen Erkrankungen seelischen Ursprungs, sind meist nur zwei Personen beteiligt, die sich aber um so massiver gegenseitig beeinträchtigen. Gegenüber den hier aktiven destruktiven Kräften sind die sexuellen Konflikte bei der Konversion ein »Kinderspiel«. Hier geht es um Sein oder Nicht-Sein, um Leben oder Tod. Die von Franz Alexander (1951) herausgestellten sieben »Heiligen« sind allesamt schwere körperliche Erkrankungen:

1. Magen-Darm-Störungen wie Ulcus und Colitis, 2. Asthma

bronchiale und andere Störungen der Atemfunktion, 3. Bluthochdruck und andere Herz- und Kreislaufstörungen, 4. Neurodermitis und andere Hauterkrankungen, 5. Schilddrüsenüberfunktion, 6. Rheumatische Erkrankungen und 7. Störungen sexueller Funktionen. Die heute so häufigen Eßstörungen wie Fett- und Magersucht sind eigentlich Verhaltenstörungen und stehen den Suchterkrankungen nahe. Bei Anorexie oder Bulimie wollen die Betroffenen nicht essen, was man ihnen anbietet, oder sie wollen statt zu essen lieber sterben. Die Körpersprache ist ebenso eindringlich wie direkt.

Es wäre falsch, hinter derartig bedrohlichen Körpersymptomen, ebenso wie bei der Hysterie beziehungsweise Konversion, eine verborgene Botschaft entschlüsseln zu wollen, wie es das Axiom der Psychoanalyse nahelegen würde. Nicht von ungefähr hatten die Psychoanalytiker mit den von psychosomatischen Krankheiten gezeichneten Patienten die größte Mühe, sie zu verstehen. Psychoanalytiker sind es aus ihrer Praxis gewöhnt, mit Patienten zu arbeiten, die in wortreicher Sprache über ihre Phantasien reden. Deshalb erklären sie die weniger wortgewandten Patienten mit psychosomatischen Symptomen kurzerhand für »alexithym«, das heißt für unfähig, Gefühle wahrzunehmen und ausdrücken zu können. Oder sie bezeichnen deren Denken als »pensée opératoire«, als mechanistisches, ebenso phantasie- wie gefühlsarmes Denken.

Solche Menschen gibt es tatsächlich. Sie begegneten mir in meinen zwei Forschungsprojekten über »Gruppenpsychotherapie nach Herzinfarkt« und »Kurzpsychotherapie nach Brustkrebs-Operation«. Auch wenn bei diesen beiden Krankheitsgruppen erblich bedingte körperliche Faktoren eine herausragende Rolle spielen, so sind doch auch seelische Prozesse, vor allem Affekte maßgeblich beteiligt. Damit eine schwere psychosomatische Krankheit entstehen kann, müssen vier Bedingungen erfüllt sein (Mitscherlich 1967):

Auslöser ist ein *Verlusterlebnis*; etwa eines nahen Angehörigen durch Tod, eine Trennung wie Scheidung oder auch eine massive *Enttäuschung* von sich selbst. Dazu kommen Versuche, das belastende Ereignis *seelisch zu verarbeiten* – auch um den

Preis eines neurotischen Symptoms. Schlagen diese Versuche fehl, dann wird in einer weiteren Phase der Verdrängung der Körper in die Abwehr einbezogen. Es kommt zu dem, was Max Schur *Somatisierung*, also wörtlich »Verkörperlichung« nennt; das belastende Erlebnis ist so massiv, daß es nicht mehr allein seelisch verarbeitet werden kann, sondern anfängt, körperliche Funktionen zu stören. Die Ärzte sprechen dann von vegetativen Störungen, zum Beispiel Herz-Kreislauf-Störungen wie Schwindel oder Ohnmacht, Magen-Darm-Störungen wie Durchfall oder Krämpfe. Kommen Hilflosigkeit und Hoffnungslosigkeit als Grundgefühle hinzu, dann verwandelt sich die funktionelle Störung in einen *strukturellen Defekt*: Beispiele sind Magengeschwür, Asthma bronchiale oder Colitis ulcerosa.

Modernere Theorien zur seelischen Entstehung von psychosomatischen Krankheiten besagen, daß in Ermangelung notwendiger anderer Menschen der eigene Körper zum Objekt gemacht wird (Hirsch 1989). Ich gehe dann mit meinem eigenen Körper so um, als ob er ein anderer Mensch wäre. Das kann sich durchaus positiv auswirken. Ich betrachte meinen Körper als »Partner« (Eicke 1973). Ich liebe oder hasse ihn, schone oder quäle ihn. In der Magersucht will ich meinen Körper so gestalten, wie ich selbst es möchte, und ja nicht so, wie ihn die gehaßte Mutter möchte. Bei selbstschädigenden Störungen wie in der künstlich-manipulativ erzeugten Erkrankung, dem Münchhausen-Syndrom, mache ich den Körper unbewußt zum Schlachtfeld, schneide in die Haut, bis das Blut fließt. Bei der Krebserkrankung führt die tief unbewußte Selbstschädigung in einer noch tiefer gehenden Phase der Verdrängung zur Zerstörung der körperlicher Zellen.

Wie kann es zu solchen delitären Entwicklungen kommen? Die Antwort lautet: Bereits im Säuglingsalter finden unheilvolle Prägungen statt, werden folgenschwere Weichen gestellt, die sich um so schädlicher auswirken, je früher sie stattfinden.

Säuglingsforschung

Man hat in den letzten zwanzig Jahren vor allem in den USA keine Mühe gescheut, unter erheblichem finanziellen, materiellen und personellen Aufwand die Beziehung zwischen Mutter und Säugling zu untersuchen. Man hielt in Videofilmen jede Einzelheit fest, konnte bei angehaltenem Film oder verlangsamten Ablauf jedes Detail der Interaktion unter Beteiligung mehrerer Forscher studieren, diskutieren und einschätzen. Diese Untersuchungen hier zu referieren würde zu weit führen. Mittlerweile gibt es aber gute Zusammenfassungen der Ergebnisse dieser wichtigen empirischen Säuglingsforschung (Daniel Stern 1992; Joseph D. Lichtenberg 1989). Das sind umfangreiche wissenschaftliche Werke. Wer sich für eine leichter lesbare einschlägige Literatur interessiert, dem empfehle ich die Werke von Martin Dornes: »Der kompetente Säugling« (1994), »Das erste Lebensjahr« (1997) und »Die Welt des Säuglings« (2000). Darin werden naheliegende Schlüsse gezogen für die psychoanalytische Theorie und Praxis, denn manches von dem, was die Ergebnisse der empirischen Säuglingsforschung zeigen, ist nicht mit der bisherigen, vertrauten psychoanalytischen Theorie und Praxis vereinbar; etwa die frühen Phantasien, welche die Säuglinge nach Melanie Klein über die mütterliche Brust schon im ersten Lebensjahr entwickeln (Sie soll in unersättlicher Gier Milch geben. Wehe, wenn sie dies nicht tut. Dann wird sie voller Neid von der Phantasie zerstört. Das wiederum löst Angst vor Gegenangriffen und zerstörerischer Rache aus, usw.). Aus verschiedenen Untersuchungen glaubt man heute zu wissen, daß kleine Kinder erst ungefähr vom 18. Monat an, parallel laufend zu der Myelinisation der Nervenfasern, die Fähigkeit entwickeln, zu phantasieren, sich ein Bild zu machen, eine symbolische Repräsentanz, eine mentale Struktur zu entwickeln.

Im Rückgriff zu meiner einführenden Unterscheidung zwischen Konversionssymptom und psychosomatischer Krankheit können wir jetzt die Gründe für diese Unterscheidung benennen: Konversionssymptome wie bei der hysterischen Neurose können sich erst beim schon etwas älteren Kind entwickeln, das fähig ist, sich Seelisches auch in der Phantasie vorzustellen, sich ein Bild zu machen. Das heißt aber nicht, daß die früher einsetzenden Störungen der Entwicklung folgenlos blieben. Auch wenn die Fähigkeit zur Symbolisierung noch nicht existiert, wirken sich Störungen der Entwicklung, im schlimmsten Fall körperliche Mißhandlung oder sexueller Mißbrauch, aber auch seelische Vernachlässigung, beim Säugling folgenschwer aus. Das auf diese Weise körperlich Erfahrene wird im Körper gespeichert und kann sich, besonders in einer Situation, die der schädigenden in der Kindheit ähnlich ist, allmählich oder unvermittelt wieder körperlich zeigen. Joseph Lichtenberg (1999) nennt dieses Geschehen, weil es wie nach einem Modell abläuft, »Modellszenen«. Um diesen Begriff verstehen zu können, möchte ich zuerst die fünf Motivationssysteme dieses Autors vorstellen.

Lichtenberg (1989) hat das dualistische Triebkonzept Sigmund Freuds in ein fünfgliedriges Motivationssystem differenziert und erweitert, welches das dualistische Triebsystem durchaus zu ersetzen vermag und darüber hinaus den Vorteil hat, mit Ergebnissen der psychologischen Forschung, etwa der Bindungsforschung oder auch der Verhaltensforschung, kompatibel zu sein, was man von der dualistischen Triebtheorie Sigmund Freuds nicht behaupten kann.

Das 1. Motivationssystem betrifft *elementare physiologische Bedürfnisse* wie Essen und Trinken, aber auch das Wachen und Schlafen, die Sorge um die Ausscheidungen.

Das 2. Motivationssystem bezieht sich auf alles, was mit der *Bindung* zwischen dem Kind und seiner ersten wichtigen Bezugspersonen zu tun hat. Das sind Wünsche nach Anlehnung, nach Gehaltenwerden, nach Hautkontakt. Diese Bedürfnisse äußern sich zunächst im ganzen ersten Lebensjahr vorwiegend körperlich, später auch seelisch und geistig (das Baby folgt dem Blick der Mutter, läuft ihr nach, klammert sich an sie). Später wünscht es nicht nur optimale Nähe, sondern auch optimale Distanz, wenn es in der Phase der Autonomieentwicklung um mehr Selbständigkeit geht, die Fähigkeit selbst zu stehen, standzuhalten; allerdings mit der Rückversicherung, jederzeit wieder zum sicheren Hafen der Mutter zurückkehren zu können. Margaret

Mahler, Pine und Bergman (1980) nannten dies die Phase der Separation und Individuation.

Das 3. Motivationssystem umfaßt *Neugier* oder *Exploration* und *Selbstbehauptung*. Hier geht es um Aktivitäten des neugierigen Erforschens der Umgebung, des Eindringens in unerfindliche Zusammenhänge, aber auch um das Sich-Durchsetzen gegenüber Widerstand von außen. Denken Sie nur an etwa zwei- bis dreijährige Kinder, die jeden erreichbaren Gegenstand genauestens inspizieren wollen und dabei, sehr zum Ärger ihrer Mütter, manche Vase zertrümmern, manches Möbelstück zerkratzen, wobei sie sich natürlich selber die Finger verbrennen können. Gebranntes Kind scheut das Feuer. Nach dieser Lebenserfahrung kann eine Modellszene beispielhaft folgendermaßen aussehen: Ein Kind ist neugierig, erforscht die Küche und alles, was sich darin befindet, ist dabei erfolgreich und freut sich entsprechend, bis es an die heiße Herdplatte gerät und mit einem Schrei zurückzuckt. In der späteren Psychoanalyse beginnt die erwachsen gewordene Frau ihr Leben jeweils mit frischem Mut, erkundet ihre Umwelt, macht Bekanntschaften, freut sich, um sich dann, ohne äußeren Anlaß, unvermittelt, unerklärlich auf sich selbst zurückzuziehen. Dieses Verhalten wiederholt sie in ihrer Analyse so lang, bis dem Psychoanalytiker der Gedanke kommt, ob seine Patientin hier nicht unbewußt körperlich etwas wiederholt, in Form einer Modellszene, das sie als Säugling früher erlebt hat. Er zeigt ihr die sich wiederholende Abfolge mit initialer Freude, frischem Zupacken und plötzlichem Rückzug. Die Patientin sieht das sich wiederholende Muster. Ihr fällt ein, daß sie von ihrer Mutter tatsächlich erfahren hat, sie habe als eineinhalbjähriges Kind sich die Finger an der Herdplatte verbrannt.

Das 4. Motivationssystem betrifft die *Sexualität* mit dem Ziel der Erregung und Befriedigung im Orgasmus, aber auch die *Sensualität*, nämlich Zärtlichkeit mit dem Ziel der Beruhigung, der Besänftigung. Dies scheint mir eine bedeutsame Differenzierung und Erweiterung zu sein, denn nicht nur im Säuglingsalter zwischen Mutter und Kind, sondern auch später in der Liebe der Erwachsenen kommt es zwischen beiden Regungen, Sexualität und Sensualität, oft zu Mißverständnissen. Die eine Person sehnt sich nach Zärtlichkeit und die andere wünscht Sexualität. Dabei ist es wichtig zu wissen, daß für den Großteil der Männer Zärtlichkeit fast nur auf dem Weg der Sexualität möglich ist.

Das 5. Motivationssystem betrifft das *aversive Verhalten*. Aversion bedeutet Abneigung, Abwenden. Das ist eine gesunde Reaktion, wenn jemand in Ruhe gelassen sein will. Dann wenden wir uns gleichsam uns selbst zu.

Wird eines dieser fünf primären Motivationssysteme oder werden womöglich mehrere im Kontakt mit anderen Menschen frustriert, dann kommt es sekundär zu Reaktionen. Diese können nun durchaus aggressiv, ja destruktiv sein. Das dritte Motivationssystem, Neugier und Selbstbehauptung, enthält zwar auch aggressive Elemente (im neugierigen Forscherdrang wird ein Gegenstand auch auseinandergenommen), diese bleiben jedoch immer konstruktiv. Im Gegensatz dazu führen die aus Versagung stammenden massiven Reaktionen sehr leicht zu Destruktion oder Zerstörung. Davon können wir uns eine Vorstellung machen, wenn wir daran denken, wie schmerzlich es ist, vernachlässigt zu werden, wie schwer es zu ertragen ist, gequält und mißhandelt zu werden. Aus ohnmächtiger Wut bleibt uns nichts anderes übrig, als das Unabänderliche zu ertragen oder uns mit dem Aggressor zu identifizieren: Jetzt bin ich zwar (passiv) hilflos und ohnmächtig wütend, später aber, wenn ich groß bin, werde ich (aktiv) das Heft in die Hand nehmen und anderen das antun, was jetzt mir angetan wird. Anna Freud (1946) nannte das die »Identifizierung mit dem Angreifer«. Es ist ein häufiger Abwehrmechanismus, der vor allem bei den sogenannten Perversionen als »erotische Form von Haß« (Stoller 1979) eine Rolle spielt, wahrscheinlich aber auch bei sonst schwer zu erklärenden grausamen Handlungen wie zum Beispiel der KZ-Bewacher (Alice Miller 1998).

Ein wichtiges Ergebnis der empirischen Säuglingsforschung möchte ich noch nennen: die *kreuz-modale Interaktion*. Das sind Beziehungsmuster, die sich – etwa zwischen Mutter und Kind – über Kreuz auf verschiedenen Sinneskanälen abspielen. Ein auf dem akustischen Kanal erfolgender Schrei des Säuglings führt bei der Mutter zu einer Bewegung des Körpers, wenn sie den

Säugling liebevoll in den Arm nimmt oder ihm die Brust gibt. Umgekehrt kann ein Sich-Aufbäumen des Säuglings zu einer verbalen Zuwendung der Mutter führen, die nunmehr versucht, den Säugling in der typischen Babysprache anzusprechen. Solche kreuzmodalen Interaktionen finden wir auch im Liebesspiel der Erwachsenen. Dies ist gut zu wissen, denn was wir als Säugling im Kontakt mit der Mutter spielend lernten, können wir als Erwachsene in der Liebe reproduzieren. Haben wir gute Erfahrungen als Säugling gemacht, wird uns das Lieben leichtfallen. Kam es dagegen zu Störungen, dann werden zwangsläufig Mißverständnisse auftreten, kommt es sogar zu Symptomen wie Impotenz oder Vaginismus; deren Wurzeln sind, wie wir heute wissen, weniger im Motivationssystem der Sexualität zu suchen als vielmehr in dem der frühen Bindung, des wechselseitigen Abstimmens aufeinander, des Einstimmens auf die gleiche Wellenlänge.

Der Körper »gehört« ursprünglich der Mutter – nicht nur während der Schwangerschaft, sondern auch noch nach der Geburt. Die Mutter hält das Kind, stillt es, wiegt es, sorgt für Nahrung und Ausscheidung, denkt und handelt im Sinn des Kindes, solange es seiner selbst noch nicht bewußt ist. Im besten Fall gibt die Mutter ihr Kind im Lauf von dessen Entwicklung nach und nach frei und überläßt es zunehmend sich selbst. Das Kind entdeckt sich selbst und seinen Körper und entwickelt ein Bild von sich und seinem Körper.

Ich habe dabei drei Interaktionsmuster zwischen Mutter und Kind beschrieben, die sich besonders häufig bei Patienten mit somatischen Krankheiten in der Psychoanalyse reaktivieren.

Das *Vereinnahmen des anderen* für eigene Zwecke. Das ist ein In-Beschlag-Nehmen des Anderen, das im schlimmsten Fall zur Befriedigung im sexuellen Mißbrauch führt, aber auch zur narzißtischen Befriedigung, zur Selbstbestätigung.

Ein ebenso schädigender Interaktionsmodus ist das direkte *Eindringen in die Intimsphäre* des Anderen; zum Beispiel führt eine Mutter, aus Sorge vor Verstopfung des Kindes, ständig Klistiere ein oder eine Mutter fragt die heranwachsende Tochter über ihre ersten Liebeserfahrungen aus oder liest gar heimlich in ihrem Tagebuch.

Während diese beiden Interaktionsmodi dadurch gekennzeichnet, daß die Grenzen des anderen nicht respektiert werden, so ist bei einem weiteren Interaktionsmodus die zu *große Distanz* das schädigende Moment: Das Kind wird nicht beachtet oder sogar verachtet, vergessen, vernachlässigt, sich selbst überlassen. Dann resultieren *Defizite* in der seelischen Entwicklung im Gegensatz zu den *Traumatisierungen*, den seelischen Wunden in den beiden erstgenannten Fällen des Vereinnahmens oder Eindringens.

Die eher prosaisch klingenden Ergebnisse der empirischen Säuglingsforschung sind nicht nur für die tägliche Praxis der Psychoanalyse relevant, sondern auch für uns wichtig, zum Beispiel, wie mehrfach angeklungen, zum besseren Verständnis von Störungen im Bereich des sensiblen Liebeslebens der Erwachsenen. Dabei sind neben körperlichen Prozessen stets die Affekte maßgeblich beteiligt.

Selbstpsychologie

Ich habe immer Schwierigkeiten zu antworten, wenn ich gefragt werde: »Worum geht es denn eigentlich in der Selbstpsychologie? Und was ist eigentlich das Selbst?« Der beste Weg, dahinterzukommen, was »selbst« in der Selbstpsychologie meint, ist der, bei sich selbst anzufangen, so wie wir es eingangs mit den Körpererfahrungen gemacht haben.

Wir können fragen: Bin ich bei mir selbst oder außer mir? Ruhe ich in mir selbst, oder bin ich selbstvergessen? Fühle ich mich selber wohl, in mir selbst ruhend oder nicht ganz beieinander, innerlich zerrissen oder dem Zusammenbruch nahe? Fühle ich mich über- oder unterfordert? Innerlich leer oder wie kurz vor dem Platzen?

Das Selbst ist der Motor unserer Entwicklung. Die Substanz dazu liefern die Affekte. Der Körper ist das Substrat.

Unser Gefühl von uns selbst, das Selbstgefühl, schließt immer Affekte und Körperlichkeit ein. Wir sprechen von einem »kohäsiven Selbstgefühl« oder von einem »fragmentierten Selbstgefühl«, einem »leeren«, »unterstimulierten« oder von einem »überstimulierten« Selbst (Wolf 1996). Hierbei ist, auch wenn das in der psychoanalytischen Selbstpsychologie nicht immer eigens betont wird, die körperliche Dimension stets integriert, denn unser Selbstgefühl hängt ganz entscheidend von unserem Körpergefühl ab. Nach einem sportlichen Sieg fühlen wir uns selbstbewußt und selbstsicher, nach einer Niederlage körperlich gedrückt und seelisch deprimiert.

Unser Selbstgefühl ist um so besser, je mehr sich andere für uns wichtige Bezugspersonen für uns interessieren. Das sind in der Fachsprache die sogenannten Selbstobjekte, das heißt Personen, die für unser Selbsterleben wichtig sind. Dabei kommt es in unserem Zusammenhang darauf an, daß wir besonders in unserer Körperlichkeit anerkannt und respektiert werden, daß die wichtigen Anderen sich echt für uns interessieren, uns körperlich gern haben, lieben und schätzen.

Wenn sich diese wichtigen anderen Bezugspersonen darüber hinaus noch in uns einfühlen, unsere eigenen Affekte in sich spiegeln und dadurch bestätigen, dann geht es uns um so besser. Kommt es dagegen zu Mißverständnissen, dann fühlen wir uns nicht verstanden, es kommt zu aversiven Reaktionen. Der Dialog entgleist, wird unterbrochen, womöglich abgebrochen. Es bedarf dann eines besonderen zeitlichen und seelischen Aufwands, um ihn wieder in Gang zu bringen. Geschieht das in der Psychoanalyse, dann sprechen wir mit Ernest S. Wolf (1996) von einem »Unterbrechungs-Wiederherstellungs-Prozeß«. Dann bleibt uns nichts anderes übrig, als gemeinsam zu versuchen herauszufinden, was zu dem Mißverständnis geführt hat, und gemeinsam zurückzugehen zu der Zeit, in der das Mißverständnis entstanden ist. Wenn dann beide Seiten ihren Anteil – einschließlich des Psychoanalytikers! – an einem Mißverständnis einräumen, wird der unterbrochene optimale Dialog wiederhergestellt. Von den oben genannten fünf Motivationssystemen sind dabei die wechselseitige Abstimmung im Bindungssystem ebenso wichtig wie die sensiblen Bereiche der Sensualität oder auch Zärtlichkeit. Nur so agieren und reagieren Affekt und Körper synchron im gemeinsamen Miteinander.

Siebenmal mein Körper

Mein Körper ist ein schutzlos Ding,
wie gut daß er mich hat.
Ich hülle ihn in Tuch und Garn
und mach ihn täglich satt.

Mein Körper hat es gut bei mir,
ich geb' ihm Brot und Wein.
Er kriegt von beidem nie genug,
und nachher muß er spein.

Mein Körper hält sich nicht an mich,
er tut, was ich nicht darf.
Ich wärme mich an Bild, Wort, Klang,
ihn machen Körper scharf.

Mein Körper macht nur, was er will,
macht Schmutz, Schweiß, Haar und Horn.
Ich wasche und beschneide ihn
von hinten und von vorn.

Mein Körper ist voll Unvernunft,
ist gierig, faul und geil.
Tagtäglich geht er mehr kaputt,
ich mach ihn wieder heil.

Mein Körper kennt nicht Maß noch Dank,
er tut mir manchmal weh.
Ich bring ihn trotzdem übern Berg
und fahr ihn an die See.

Mein Körper ist so unsozial.
Ich rede, er bleibt stumm.
Ich leb ein Leben lang für ihn.
Er bringt mich langsam um.

Noch einmal: Mein Körper

Mein Körper rät mir:
Ruh dich aus!
Ich sage: Mach ich,
altes Haus!

Denk aber: Ach, der
sieht's ja nicht!
Und schreibe heimlich
dies Gedicht.

Da sagt mein Körper:
Na, na, na!
Mein guter Freund,
was tun wir da?

Ach gar nichts! sag ich
aufgeschreckt,
und denk: Wie hat er
das entdeckt?

Die Frage scheint recht
schlicht zu sein,
doch ihre Schlichtheit
ist nur Schein.

Sie läßt mir seither
keine Ruh:
Wie weiß *mein* Körper
was *ich* tu?

(Robert Gernhardt, Gedichte 1954–1997. Mit freundlicher Genehmigung von Haffmanns Verlag AG, Zürich, 1999)

Aggressivität – Destruktiv oder konstruktiv?

Ungeheuer ist viel, doch nichts ungeheuerer als der Mensch. Sophokles, *Antigone*

Definitionen

Ärger ist eine Variation des Affekts Wut, den wir schon als kategorialen Affekt im ersten Kapitel kennengelernt haben. *Wut* zielt nicht unbedingt auf die physische Vernichtung des anderen. Dazu kommen weitere Affekte: Wir können uns in der Wut freuen, den anderen zu treffen. Im sadistischen Akt spielt die Lust die Hauptrolle, die der Sadist beim Quälen des anderen empfindet. Wut kann sich mit Überraschung verbinden, wenn wir urplötzlich von einer wild aufsteigenden Wut erfaßt werden oder wenn ein anderer, uns wichtiger Mensch urplötzlich wütend wird. Neben Freude und Lust können sich auch Ekel in den kategorialen Affekt Wut mischen.

Haß ist ein weiterer aggressiver Affekt. Es gibt auch »leidenschaftlichem Haß« (Kutter 1978 u. 1994). Für Kernberg ist Haß ein »Affektzustand hoher Intensität«; ein »komplexer aggressiver Affekt« (1997, S. 35).

Nach Freud (1913, S. 451) ist Haß sogar älter als die Liebe. Außerdem ist Liebe in charakteristischer Ambivalenz immer mit mehr oder weniger Haß verbunden (Freud 1923, S. 271). Das heißt im Klartext: Man kann einen Menschen nicht nur lieben, sondern es ist in charakteristischer Ambivalenz immer auch Haß mit im Spiel. Das gilt auch gegenüber Gruppen von Menschen.

Ein bestimmtes Quantum Haß ist menschlich, gehört zur Conditio humana. Hingegen sind beispielsweise gesteigerter Ausländerhaß oder Antisemitismus pathologisch.

Haß bezieht sich im Gegensatz zur Wut immer auf einen bestimmten Menschen. Die englische Sprache unterscheidet außerdem zwischen *hate* und *hatred.* Hate ist sozusagen normaler oder gutartiger Haß. »Hatered« ist nicht nur quantitativ stärker als »hate«, sondern auch qualitativ anders, nämlich genuin bösartig (Lichtenberg u. Shapard 2000). Aggressivität kann auch in den Dienst der Liebe gestellt werden (Kernberg 1997, S. 43). Aggressive Affekte können durch Liebe gemildert werden. Dagegen wird die Aggressivität um so stärker und zügelloser, je weniger Liebe in der Beziehung zu einem Menschen wirksam ist. Haß und Wut können im Sadismus eine unheilvolle Liaison mit Lust eingehen.

Wenn ich mich jetzt näher mit dem Thema Aggressivität beschäftige, werde ich zunächst die Ebene der Phänomene, dann die der Ursachen untersuchen, um daran anschließend, gleichsam als Quintessenz, Lösungsmöglichkeiten zu diskutieren.

Phänomene

Zusätzlich zu den genannten aggressiven Affekten Ärger, Wut und Haß möchte ich noch weitere aggressive Affekte nennen: als Steigerung von Wut den *Zorn*; ein plötzlich aufwallender Unwille, der einen wie der heilige Zorn total ergreift, der aber auch schnell verraucht. *Groll* ist unterdrückter Ärger oder Zorn, den wir gegen eine bestimmte Person hegen, der wir dann grollen. *Ressentiment* ist heimlicher Groll, ein Gefühl der Abneigung, das sich ebenso als eine Grundhaltung der Abneigung gegenüber einer Person mehr oder weniger ständig bemerkbar macht. *Feindselig* nennen wir eine böse, gehässige Gesinnung, ein Verhalten, das den anderen direkt angreift. Derartige persönliche Angriffe können zu Gewaltanwendung führen, im unmittelbaren Kampf von Mann zu Mann, in der Vergewaltigung einer Frau durch einen Mann, aber auch in der Ausübung körperloser Gewalt einer Frau gegenüber einem Mann.

Alle diese destruktiven Formen von Gewalt scheinen zuzunehmen, betrachtet man die Kriminalitätsstatistik, speziell die Jugendkriminalität, Vandalismus, aber auch Mißhandlung und Vernachlässigung von Kindern durch ihre Eltern.

Gewalt ist in der gegenwärtigen Industriegesellschaft allgegenwärtig. Das stellte bereits Herbert Marcuse 1969 fest. Auch in der Politik spielt Gewalt eine große Rolle, etwa in den internationalen Beziehungen während des Kalten Kriegs zwischen der kapitalistischen westlichen und der kommunistischen östlichen Welt. Heute findet Gewalt in Form zahlreicher Kriegsschauplätze in der sogenannten Dritten Welt statt, aber auch ganz in unserer Nähe im Kosovo und überall dort, wo separatistische Kräfte gegen übergeordnete staatliche Verhältnisse aufbegehren.

Wie lassen sich derartige Gewaltphänomene erklären, und wie lassen sie sich eindämmen? So interessant es wäre, diesen Fragen hier nachzugehen, fühle ich mich als Psychoanalytiker für derart schwierige soziologische und politologische Fragen nicht kompetent genug. Ich möchte eher an alltägliche Formen der Gewalt erinnern, wie sie jeden Tag in der Presse nachzulesen sind: an Jugendkriminalität, Gewalt an Schulen, die steigende Gewaltbereitschaft bei Kindern und Jugendlichen, die Gewalt in Familien.

Grausam ist Gewalt dann, wenn sie triebgesteuert ist (Alexander Mitscherlich 1969). Sie entspricht einem sadistischen Akt, mit dem Ziel der perversen sexuellen Befriedigung. Das Opfer ist in aller Regel ein Liebesobjekt aus der engeren und weiteren Umgebung der Familie. Mitscherlich spricht von »Grausamkeitslust«, die zwar einzelne zum Opfer macht, aber keine kollektive Gefahr darstellt.

Eine davon zu unterscheidende Form von Grausamkeit geschieht im kollektiven Einverständnis in Gruppenkämpfen, in militärischen Verbänden wie Kriegen, in der Lagersituation, im Folterkeller. Sexualität spielt nicht herein. Auslöser sind bestimmte äußere Reize, die zu einem kollektiven Erregungszustand führen können, dem sich die einzelnen überlassen. Ich-

Schwäche, ein infantiler Charakter oder Identitätsdefizite erleichtern ihr Auftreten. Charakterstärke und eine stabile Identität machen dagegen immun. Sie kann im Gegensatz zur erstgenannten Form der Grausamkeit jederzeit hervorbrechen und ist gesellschaftlich höchst gefährlich.

Abschreckendes Beispiel sind Menschen wie der Naziverbrecher Karl Adolf Eichmann in ihrer »Banalität des Bösen« (Arendt 1964), aber auch Angehörige des von Christopher R. Browning (1996) untersuchten berüchtigten Reservepolizeibataillons 101 und viel zu viele Deutsche während des Zweiten Weltkriegs (Goldhagen 1996); nicht zu vergessen der Massenmord an unschuldigen Geisteskranken und Behinderten durch die sogenannte Euthanasie-Aktion der Nazis. Das Töten erfolgt mit gutem Gewissen; sogar mit dem Gefühl, einer guten Sache zu dienen.

Ursachen

Es gibt verschiedenste Hintergründe aggressiven Verhaltens. Ich unterscheide drei Ursachenbündel von Destruktivität.

Drängende Kräfte – Triebtheoretische Aspekte

Triebe haben in der Sexualitätstheorie Sigmund Freuds (1905, 1915a) gleichermaßen eine biologische Quelle und ein psychologisches Ziel. Eine solche Theorie mag im Hinblick auf die Sexualität überzeugen, bezogen auf destruktives Verhalten reicht sie zu einer plausiblen Erklärung nicht aus. Freud selbst wechselte seine Ansicht im Lauf seines Lebens, wenn er ursprünglich von »Bemächtigungstrieb« sprach, später vom »Todestrieb« und »Lebenstrieb« oder von einem nach außen gewendeten Masochismus oder von masochistischem Verhalten als Folge eines gegen die eigene Person gerichteten Sadismus.

Alfred Adler (1908) geht wie Nietzsche von einem angeborenen Geltungstrieb oder Machtstreben aus, während Melanie

Klein angeborene destruktive Impulse schon im Säuglingsalter am Werk sieht; vor allem unersättliche Gier und elementaren Neid. Auch für Alexander Mitscherlich (1956/57, 1969) gehört Destruktivität zu der angeborenen Triebausstattung des Menschen im Sinn einer grundsätzlich gegebenen Aggressionsbereitschaft. Sie kann sich »gekonnt« als Selbstbehauptung und konsequentes Durchsetzen wichtiger Ziele äußern wie »ungekonnt« als sinnloser Wutausbruch, als Sachbeschädigung oder direkte Verletzung eines gehaßten Menschen.

Schwer lösbare Konflikte – Die psychoanalytische Konflikttheorie

Konflikte entstehen, wenn sich widersprechende Strebungen aneinander stoßen, wenn ein starker Wunsch von einem ebenso starken behindert wird, wenn beide Kräfte in Konflikt zueinander stehen. Die Psychoanalyse kennt Konflikte zwischen den unterschiedlichsten Triebstrebungen, wie zum Beispiel sexuellen und aggressiven, zwischen Triebwünschen einerseits und moralischen Geboten andererseits sowie zwischen andrängenden Triebwünschen und Werten oder Normen, die dem jeweils betroffenen Menschen wichtig sind. Dazu gehören im ödipalen Dreieck zentrale Inzestwünsche gegenüber der einen und Todeswünsche gegenüber der anderen Person ebenso wie das fundamentale Dilemma zwischen dem elementaren Wunsch, sich selbst zu verwirklichen, und ebenso elementaren Kräften, die die erstrebte Selbstverwirklichung mehr oder weniger radikal verhindern.

Können diese Konflikte nicht konstruktiv gelöst werden, führen sie über komplizierte Kompromißbildungen zu seelischen Störungen wie Neurosen, Psychosen und psychosomatischen Erkrankungen, zu deren Heilung die Psychoanalyse verschiedene Therapieverfahren zur Verfügung stellt wie die tiefenpsychologisch fundierte Psychotherapie, analytische Psychotherapie, Gruppenpsychotherapie, Paar- oder Familientherapie, Fokal- oder Kurzzeittherapie.

Motor unserer Entwicklung ist neben den Affekten, wie uns die Selbstpsychologie zeigte, ein elementarer Drang nach Selbstentfaltung. Wir möchten die in uns angelegten Talente, Begabungen oder Fähigkeiten verwirklichen. Dabei wollen wir uns kohäsiv »ganz« fühlen, zu uns selbst kommen, bei uns und nicht außer uns sein. Damit dieser Zustand des Wohlbefindens erreicht wird, müssen viele Voraussetzungen von seiten der Umwelt gegeben sein. Nur dann nämlich, wenn unsere fundamentalen Bedürfnisse, wie sie im Abschnitt »Säuglingsforschung« aufgeführt sind, einigermaßen befriedigt sind, kann ein derartiges Wohlbefinden im Sinn eines gesunden Narzißmus entstehen. Dazu gehört die Befriedigung elementarer Bedürfnisse nach Bindung ebenso wie die nach einfühlender Resonanz und wohldosierten Körperkontakten (»Streicheleinheiten«).

Moderne psychologische Bindungstheorien zeigen mittlerweile eindeutig, daß sich »sicher gebundene« Kinder zu berechenbar autonomen Individuen entwickeln, konstant unsicher oder wechselnd ambivalent behandelte Kinder dagegen zu unberechenbaren Jugendlichen, mit Neigung zu Desorganisation oder zu seelischen Störungen. Entsprechend unterschiedlich müssen dann die psychotherapeutischen Strategien sein.

Nicht minder starke Kräfte, sich selbst zu behaupten, etwas zu bewirken und neugierig die Umwelt zu erforschen, wollen außerdem konstant beachtet sein (Lichtenberg 1989, S. 125ff.). In diesem Bereich haben manche Mütter und Väter, die keine Probleme haben, auf die physiologisch-körperlichen und Bindungsbedürfnisse einzugehen, große Schwierigkeiten. Ihnen fällt es schwer, auf die zunehmende Entfaltung und Selbstbehauptung des heranwachsenden Kindes angemessen zu reagieren.

Daß sexuelle Wünsche mit der Erregung erogener Zonen eine wichtige Rolle spielen, ist durch die Psychoanalyse hinreichend bekannt. Weniger beachtet werden dagegen ebenso wichtige Bedürfnisse nach beruhigender Nähe, zärtlichem Hautkontakt und wärmender Geborgenheit. Schließlich darf die notwendige Befriedigung fundamentaler narzißtischer Bedürfnisse nach Beachtung, Wertschätzung und Anerkennung des eigenen Da-Seins und So-Seins nicht vergessen werden.

Fallbeispiele

Der unbewußt tötende Eroberer

Ein 30jähriger Bauzeichner leidet an Impotenz und Unfähigkeit zu arbeiten. Die Analyse zeigt, daß er sich meiner in der Übertragung so bemächtigen wollte, wie er früher als Kind die Mutter besitzen wollte. Er phantasiert: »Ich will Sie schlagen, verführen, erobern.« Als die Mutter dann tatsächlich an einer unheilbaren Krankheit stirbt – der Patient war damals fünf Jahre alt –, fühlt er sich in typischer »falscher Verknüpfung« (Freud 1895a, S. 121) dafür schuldig, die Mutter durch seine ebenso libidinösen wie aggressiven Wünsche und Handlungen getötet zu haben. Dasselbe Muster wiederholte sich später in der Beziehung zu Frauen. Sie »erobern und sexuell begehren« bedeutete unbewußt, wie sich der Patient selbst drastisch ausdrückte, sie »totficken«. Auf der Ebene des beruflichen Arbeitens bedeutete »die Arbeit erfolgreich zu Ende bringen« = »den Vater töten«, wobei sich dieses Muster in der Übertragung auf Vorgesetzte und den Analytiker in klassischer Weise wiederholte.

Ich verstand die aggressiven Wünsche dieses Patienten als Ausdruck eines primär aggressiven Triebes, durchaus im Sinn des sogenannten Bemächtigungstriebes (Freud 1905). Er war ursprünglich auf konstruktives Erobern und Eindringen ausgerichtet, nahm dann aber durch die pathologische Verknüpfung mit dem Tod der Mutter destruktive Bedeutung an. Die unbewußt destruktiven Bedeutungen von »Bemächtigen« konnten im Lauf des psychoanalytischen Prozesses zunehmend verstanden und schließlich in konstruktiver Form in die Persönlichkeit integriert werden.

Dieser Fall stützt eindeutig die Freudsche Triebtheorie: Aggressives Verhalten ist letztlich triebgesteuert, kann unterdrückt werden, in entstellter Form aber wiederkehren, nämlich in Form von neurotischen Symptomen, unkontrollierten Wutausbrüchen oder in der Wendung gegen die eigene Person als Depression.

Die aggressive Potenz ist blockiert, weil aggressiv sein unbewußt töten bedeutet.

Ich will der Größte sein!

Ein etwa 40jähriger Architekt kam in Analyse, weil er darunter litt, daß er sich neben seiner ihn dominierenden Frau, von der er völlig abhängig war, nicht eigenständig entwickeln konnte. Die Abhängigkeit von der Ehefrau wiederholte seine extreme Abhängigkeit von der Mutter, die um so größer war, als er sich von frühester Kindheit an seines Vaters nicht sicher war (er glaubte, sein Onkel sei sein Vater gewesen). Dieser Patient wandte sich im Lauf des psychoanalytischen Prozesses zunehmend von der Architektur ab und zur bildender Kunst hin. Zunächst phantasierte er riesige Plastiken, die mir lange Ausdruck von Größenwahn zu sein schienen, bis er dann tatsächlich anfing, mobile Großraum-Plastiken in der Art von Alexander Calder zu schaffen; allerdings nicht aus Stahl, sondern aus Kunststoff. Viele davon bestanden aus kaum verhüllten Teilobjekten wie Händen, Brüsten, männlichen und weiblichen Geschlechtsteilen. Es dauerte aber drei Jahre, bis er diese Plastiken so stehen lassen konnte, wie sie seiner Kreativität entsprungen waren, denn er mußte sie, sowie sie entstanden waren, wieder zerstören. Sein Verhalten gegenüber den Kunstobjekten war somit destruktiv.

Warum? Er wollte unbewußt immer der Größte sein. Gerade das aber verboten ihm seine Minderwertigkeitsgefühle. Hier handelte es sich um eine typische narzißtische Persönlichkeitsstörung (Kohut 1973, 1979), denn nicht ein Triebkonflikt war entscheidend für seine Symptomatik, sondern ein grundlegendes Selbstwertproblem.

Seelische Grausamkeit – Seelenmord

Der Ausdruck »Seelenmord« ist den Psychoanalytikern von Freuds Arbeit über Daniel Paul Schrebers »Denkwürdigkeiten eines Nervenkranken« bekannt und von einigen Autoren in jüngerer Zeit in den Vordergrund gerückt. Für Shengold ist »Seelenmord weder eine Diagnose noch ein Zustand. Es ist eine dramatische Bezeichnung für die Umstände, die mit einem Verbrechen einhergehen: der bewußte Versuch, die Autonomie eines anderen Menschen zu zerstören oder zu gefährden. Sexuelle Mißhandlung, emotionale Deprivation, physische und seelische Folter kann zum Seelenmord führen« (1989, S. 16f.). Seelenmord geschieht aus unbewußtem »Mißbrauch von Macht«. Historischer Vorläufer ist der berühmte Kaspar Hauser. Nach Wurmser (1993, S. 21) gebrauchte auch Strindberg den Begriff »Seelenmord« in seiner Besprechung von Ibsens »Rosmersholm«.

Niederland (1980) bezeichnete das, was Nazi-Täter gegenüber ihren Opfern taten als »Seelenmord« mit dem Ergebnis des »Überlebenden-Syndroms«.

Mir geht es in meinem Beitrag weniger um derart dramatische Ereignisse mit ihren massiven seelischen Folgen für die Entwicklung der betreffenden Menschen, vielmehr um die Folgen von »Traumata des Alltagslebens«, wie sie auch Anna Ornstein (2000) im Blick hat. Hierzu ein Fallbeispiel.

Vater hat mich nicht getötet, aber brutal unterdrückt, und Mutter hat mich verführt!

Ein bei Beginn seiner Analyse 57jähriger Arzt suchte mich auf wegen Depressionen. Er klagte über mangelndes Selbstvertrauen, Selbstunsicherheit, Unkonzentriertheit und innere Unruhe. Der seit einem halben Jahr erneut bestehende depressive Zustand wurde durch eine sexuelle Begegnung mit einer jüngeren Frau ausgelöst, die, so der Patient: »mit einem mal im Höschen vor mir stand, und da ging gar nichts mehr«.

Wir verstanden die Depression zunächst als Folge der massiven narzißtischen Kränkung durch die Impotenz. Die Analyse ergab wiederholte Erfahrungen, in denen der Adoleszent bei Versuchen, ein Mädchen zu erobern, von außen gestört wurde. Es entwickelte sich schließlich eine »falsche Verknüpfung« in der Weise, daß der Patient immer dann, wenn er wieder einen Annäherungsversuch machte, glaubte gestört zu werden, auch wenn real keinerlei Grund dazu bestand. Die Analyse dieser Zusammenhänge führte zu einer deutlichen Besserung der Depression. Es blieb aber ein Gefühl der Gefühllosigkeit, das er »Verbackenheit« nannte.

In einer weiteren Phase der Analyse stellte sich heraus, daß er sich als Sohn seines sehr tyrannischen Vaters, überzeugter Nationalsozialist, nicht nur ständig seelisch unterdrückt fühlte, sondern auch tatsächlich unterdrückt wurde. Er erinnerte Äußerungen des Vaters wie zum Beispiel »Ich schlage dir den Schädel ein«, ständige massive Drohungen, auch averbal, die sich natürlich in der Übertragung zeigten, die aber relativ gut bearbeitet werden konnten. Das Gefühl der »Verbakkenheit« besserte sich. Er lernte, sich beruflich im rivalisierenden Umgang mit Vaterfiguren, von denen er sich »gnadenlos« verfolgt fühlte, besser zu wehren und durchzusetzen.

Dann wurden merkwürdige »Trancezustände« im Umgang mit Frauen wichtig. Sie traten in der Beziehung zu seiner Freundin ebenso auf wie im Kontakt mit Patientinnen, besonders wenn er sie, die Brust berührend, bei der ärztlichen Palpation und Auskultation untersuchte. Es kam sogar zu Verdächtigungen, er würde die Frauen sexuell belästigen. Während er sich dagegen erfolgreich wehren konnte, besserte sich die Impotenz nicht.

Der Patient träumt, wie sich Mutter und Sohn küssen und wie die Mutter nackt vor ihm steht. Dann folgte eine Reihe von Kastrationsträumen: »Die Mutter beißt den Penis ab. Zuerst bin ich beruhigt: Der wird ja wieder nachwachsen, dann aber höchst beunruhigt. Dann muß ich ja schnellstens in die Chirurgie. Zu spät. Das Tor ist schon zu.« Deutungen in der Richtung, daß *er* die Mutter inzestuös begehre, führten zu ungläubigem Staunen, was ich eine Zeitlang als Widerstand auffaßte. Die Trancezustände hielten an. Auch während der Analyse kam es zu solchen Zuständen. Dabei konnte er entweder gar nichts fühlen, oder er fühlte sich von sich und seinem Körper abgetrennt und in der Beziehung zu mir, seinem Analytiker, ohne Kontakt. Um die Art der Übertragung zu benennen, gebrauchte er selbst das Wort »autistisch«. Die Analyse stagnierte. Da las der Patient zufällig im Urlaub Tilman Mosers Buch »Körpertherapeutische Phantasien« (1989).

Um diese Zeit interessierte ich mich, ebenso wie Hans Müller-Braunschweig, Tilman Moser, Jörg Scharf, Gisela Worm und andere, für eine stärkere Berücksichtigung der körperlichen Dimension in der Psychoanalyse, was mich im Hinblick auf die Schwierigkeiten der Analyse, über die ich gerade berichte, ermutigte, einen »Parameter« im Sinn von Eissler (1953) einzuführen.

Der Patient klagte um diese Zeit besonders darüber, sein Kopf sei so leer und gleichzeitig unter großer Spannung. Die Diskussion mit Kollegen über Chancen und Gefahren einer konkreten körperlichen Berührung brachten mich schließlich dazu, folgendes Experiment zu wagen: Ich schlug dem Patienten vor, einmal zu überlegen, was es bringen könnte, wenn ich versuchte, seinen Kopf zu berühren, um auszuprobieren, was er dabei empfinde. Ich analysierte natürlich zuvor einige mögliche unbewußte Bedeutungen einschließlich der einer homosexuellen Berührung. Schließlich berührte ich seinen Kopf, wie üblich hinter ihm sitzend und er liegend auf der Couch, mit beiden Händen an den Schläfen, einige Sekunden lang. Während ich dies tat, kam ich mir plötzlich vor, wie früher als Assistenzarzt in der Psychiatrie bei der Applikation eines Elektroschocks. Jetzt fiel mir ein, daß der Patient ja auch zweimal im frühen Erwachsenenalter in der psychiatrischen Klinik war und mit Elektroschocks behandelt worden war. Als ich ihm das sagte, erinnerte sich der Patient wieder an jene Zeit, wie schlimm die Elektroschocks für ihn gewesen seien. Noch schlimmer sei allerdings gewesen, daß ihn seine Mutter nie und sein Vater höchst selten besucht habe. Ich ließ mir später die Krankenakte kommen. Man dachte damals an eine »symptomarm verlaufende Schizophrenie«.

Nach dem »Parameter« der Berührung kam die Analyse wieder in Gang. Es wurde zunehmend deutlich, wie sehr sich der heranwachsende Sohn von der Mutter, die bis ins hohe Alter immer sexuell sehr verführerisch auftrat, sexuell bedrängt fühlte und, wie er später nach Überwindung einiger Schamgefühle auch zugeben konnte, daß er sich dabei sogar geschmeichelt fühlte. Als wir im weiteren Verlauf in der Mutter so etwas wie eine »Königin der Nacht« sahen, fühlte sich der Patient sehr verstanden. Jetzt konnte er Angstgefühle empfinden. Wir verstanden nunmehr seine »Trancezustände« als Abwehr existentieller Bedrohung durch die Mutter, reaktiviert durch jede Situation, in der er sich von der Mutter trennen und einem neuen Objekt zuwenden wollte.

Im weiteren Verlauf der Analyse ergab sich noch eine interessante »Modellszene« im Sinn von Lichtenberg (1999): Der Patient klagte über merkwürdige unwillkürliche »athetotische« Bewegungen der

Beine im Liegen. Er verwendete diesen Ausdruck aus der Neurologie. Wie jeder Arzt weiß, sind damit »langsame bizarre, verzerrte, verkrampfte und wunderliche Bewegungen der Gliedmaßenenden« (Kloos 1956) gemeint, wie sie bei erblichen oder erworbenen Erkrankungen des extrapyramidalen Systems vorkommen. Ich konnte lange nicht verstehen, was er damit meinte, bis ich, einem plötzlichen Einfall folgend, vorschlug, ob ich nicht einmal sehen könnte, wie das aussehe. Er war einverstanden, und ich setzte mich in ungefähr zwei Meter Abstand quer zur Couch. Als ich mich der so geschaffenen Situation überließ, kam mir spontan der Gedanke: »Das ist doch ein Baby, das strampelt«. Ich sagte das. Der Patient wunderte sich zunächst. Dann erinnerte ich mich, daß er in New York geboren wurde, wo der Vater damals zur Zeit der großen Arbeitslosigkeit um 1930 eine neue berufliche Zukunft suchte. Dessen Frau, die Mutter unseres Patienten, wollte ihm dorthin aber nur ungern folgen.

Im Rückblick auf diese Analyse sehe ich durchaus Elemente von »Seelenmord« am Werk. Zum einen fühlte sich der Patient vom Vater direkt existentiell bedroht: »Er ließ mich nicht groß werden, wollte selber nur der Große sein«. Er konnte seine Vaterproblematik nach etwa 500 Stunden Analyse gut bewältigen. Sonst hätte er sich nicht erfolgreich gegen seinen Rivalen im beruflichen Feld durchsetzen können. Er feierte übrigens später seinen Geburtstag just an dem Ort, wo der Vater früher erfolgreich als höherer Regierungsbeamter aufgetreten war.

Zum anderen fühlte er sich von der Mutter sexuell benutzt. Dieses Gefühl war aber viel unbestimmter und schwer zu fassen. Denn er war ja schon als Baby im Besitz der Mutter gewesen: »Sie ließ meinen Penis nicht los, und ich brachte es nicht fertig, mich loszureißen«. Die Mutter war ihm zur Iokaste geworden.

Damit bewegten wir uns auf der anderen Seite des bekannten Ödipus-Konflikts, auf der nicht der Sohn die Mutter, sondern die Mutter den Sohn begehrt.

Todestrieb?

Gibt es noch andere Erklärungen für das unerklärlich aggressive Handeln von Menschen? Kurt R. Eissler erinnert in seinem Buch über »Todestrieb, Ambivalenz, Narzißmus« (1975) an die biologischen Grundlagen des Todestriebes. Er sieht dessen Entwicklung im Zusammenhang mit der »Strukturierung des psychischen Apparates« und mit dessen Verbindung zum Lebenstrieb. Er erwähnt aber auch »das Schicksal von Neugeborenen, die unter den psychisch unzulänglichen Umständen in Findelhäusern und Spitälern aufgezogen wurden, ... wenn sie die Pflege und Fürsorge einer Mutter oder einer sie vertretenden Person entbehren müssen« (S. 18). Unter derartig schlechten Ausgangsbedingungen scheint es leichter zu einem Überwiegen des Todestriebs gegenüber dem Lebenstrieb zu kommen.

»Selbstdestruktion und nicht existieren wollen« sind in der Sicht Uri Lowentals (1986) zwei unterschiedliche Aspekte des Todestriebs, die beim Auftreten lebensbedrohlicher Krankheiten ins Auge fallen. Das bestätigen die drei Fälle, die Eissler 1978 in seinem Buch »Der sterbende Patient« veröffentlichte. Ich machte ähnliche Beobachtungen im Rahmen eines Forschungsprojekts über die Effekte einer zwölfstündigen psychoanalytischen Kurzpsychotherapie mit brustkrebs-operierten Frauen.

Der Mensch will sich nicht mehr auf das Lebens einlassen. Das Leben selbst wird zum Unglück. Dann scheint es besser, überhaupt nicht geboren zu sein. »Warum haben mich die Eltern nicht gefragt, ob ich auf die Welt kommen will?« (Widmer 1984, S. 1073).

Eine gewagte Hypothese

Im Nachdenken über die These des Todestriebs kam mir langsam ein aufregender, fast erschreckender Gedanke: Kann nicht das, was wir als »Todestrieb« bezeichnen, auch eine *Abwehr* sein, und zwar gegenüber der für uns als Eltern von Kindern wenig schmeichelhaften Erkenntnis, daß wir selbst *Todeswün-*

sche gegenüber unseren Kindern hegen? Solche Ansätze sind bei Kurt R. Eissler (1975, S. 18) nicht zu übersehen, wenn er die Findelkinder erwähnt, die der Fürsorge durch eine liebende Mutter entbehren.

Weitere Belege für diese unerfreuliche These finden wir in Hülle und Fülle bei Llyod deMause (1977). Eine zusätzliche Bestätigung lieferte mir die Begegnung mit einer Studentin, die im Nachdenken über die unerträglichen Spannungen mit ihrer Tochter zu der entsetzlichen Erkenntnis kam: »Ich hab' dich nicht gewollt, mein Kind« (van Deun u. Kutter 1992). Die unbewußte Phantasie lautet: »Meine Eltern wollten gar nicht, daß ich auf die Welt komme; aus welchen Gründen auch immer. Sie hatten womöglich Todeswünsche gegen mich.«

Belege für Todeswünsche der Eltern gegenüber ihren Kindern finden sich schon im Alten Testament, wenn wir uns an Abraham und Isaak erinnern, aber auch im Ödipus-Drama, wenn wir an das – gegenüber Ödipus' Taten leicht vernachlässigte – Verhalten von Laios und Iokaste gegenüber dem kleinen Ödipus denken.

Laios und Iokaste

Orientieren wir uns am Originaltext des Sophokles. Hier ist erwartungsgemäß über Laios wenig zu finden, denn Ödipus weiß ja nicht, daß Laios sein Vater ist. Und doch gibt der Text einige versteckte Hinweise:

Kreon sagt Ödipus: »Bevor du Thebens Steuer nahmst, regierte hier ein anderer Herrscher, Laios.«

Ödipus antwortet: »Ich hab' von ihm gehört, doch sah ich ihn nie.«

Später spricht Ödipus von sich selbst als dem »Ungelernten«, und Teiresias erwähnt, daß er bei Ödipus' Eltern als ein Weiser galt. Er gibt Ödipus das Rätsel auf: »Der eigenen Mutter ist er Sohn und Gatte, des eigenen Vaters Schwieger und sein Mörder.« Während Ödipus gegen seine Abwehr ankämpft, sagt Iokaste: »Demselben Laios war einst geweissagt, nicht von Phoibos selbst, doch von seinen Priestern, ihm sei bestimmt, durch seinen eigenen Sohn einst zu fallen.«

Später spricht der Bote zu Ödipus: »Das Kind jedoch ward, kaum drei Tage alt, in einem Waldgebirg durch Sklavenhand, gebunden an den Füßen, ausgesetzt. Ich fand in einer Schlucht dich im Kithairon. Dein Lebensretter war ich damals. Die Fesseln vom durchbohrten Fuße löste ich.«

Schließlich liefert der herbeigerufene Hirte unter Ödipus' Drohungen den Beweis: »Man gab es mir (das Kind). In Laios' Haus war es geboren.«

Hirte: »Es sei ein Kind des Laios, sagte man. Am besten sagt's die drinnen, deine Frau.«

Ödipus: Hat sie das Kind dir übergeben?«

Hirte: »Ja.

Ödipus: »In welcher Absicht?«

Hirte: »Daß ich's töten sollte.«

Ödipus: »Die eigene Mutter?«

Hirte: »Das Orakel fürchtend.«

Orientieren wir uns an der Sekundärliteratur, dann sind für Laios folgende biographische Daten wichtig: Er verliert seinen Vater, als er noch Kind war. Später liebt er homosexuell den Knaben Chrysippos, den Sohn des Königs Pelops, bei dem Laios gastliche Aufnahme fand. Nachdem er den Geliebten verführt, tötet dieser sich selbst (Hunger 1959, S. 229). Nach Kerényi (1966, S. 78) verwundete Laios den Knaben mit seinem Schwert und ließ die Waffe in der Wunde. Wie auch immer: Laios hatte einen Toten auf dem Gewissen. Nach anderen Zeugnissen soll er außerdem seinen Schwiegervater Menoikes erschlagen haben.

Iokaste, auch Epikaste genannt, stammt aus der Drachensaat der sogenannten »Hehren«. Sie stimmt zu, daß Laios, aus Angst, später von seinem Sohn ermordet zu werden, das Kind aussetzt, und übergibt ihr Kind eigenhändig dem Hirten, wie dieser bestätigt. Damit wird sie zur Sohnesmörderin.

Aggressive Gefühle der Eltern gegenüber ihren Kindern beschreiben auch J. M. Ross (1982) in »Oedipus revisited – Laius and the Laius-Complex« und D. Quinodoz (1991) in dem Aufsatz »Ich habe Angst, mein Kind zu töten oder: Ausgesetzter Ödipus, adoptierter Ödipus«. Es gibt außerdem eine reiche außeranalytische Literatur über das Thema, zum Beispiel von Gerhard Amendt »Das Leben unerwünschter Kinder« (1992). Ich hatte den Opfertod Jesu in einem gemeinsam mit Yorick Spiegel (1997) veröffentlichten Buch über »Kreuzwege – Theologische und psychoanalytische Zugänge zur Person Jesu« als verkappten Sadismus beschrieben.

Reimut Reiche (2000) spricht neuerdings von »kollektivem Infantizid«. Er weist auf die zunehmende Zahl dauerhaft kinderlos verheirateter Frauen hin, auf die kontinuierlich zunehmende Zahl von sogenannten Ein-Eltern-Kindern und Ein-Eltern-Familien. Damit würde die Gesellschaft – jetzt in meinen Worten formuliert – das, was sie erhält, nämlich Kinder, selbst zerstören. Auch bei Reiche ist »die menschliche Geschichte eine Geschichte des Infantizids« (2000, S. 18); er bezieht sich lediglich auf andere Literaturquellen (Boswell 1988; Trexler 1973).

Sexualität – Affektiv-körperliche Conditio humana

Mag sich in der sexuellen Vereinigung die gute symbiotische Beziehung zur Mutter wiederholen, mögen sich dadurch Ängste in bezug auf die Intaktheit des eigenen Körpers oder des Körperinneren beruhigen oder steigern, Schuldgefühle mindern oder neu beleben, unübersehbar bleibt, daß das Lustgefühl des genitalen Aktes nicht nur von physiologischen, sondern weitgehend von psychologischen Faktoren abhängig ist.
Margarete Mitscherlich-Nielsen, *Was ist Lust?* (1982)

Erste Annäherung

Sexualität ist gleichzeitig ein eminent affektives *und* körperliches Geschehen. Daher darf ein Kapitel über dieses Thema im vorliegenden Buch nicht fehlen. Im erotisch-sexuellen Spiel ist wesentlich der kategoriale Affekt Freude beteiligt, vermischt mit Neugier, auch Überraschung, ein Schuß Aggressivität, die sich manchmal auch in Wut steigern kann. Vitalitätsaffekte spielen ebenfalls eine Rolle: ein langsamer oder abrupter Beginn, zarte Bewegungen, wechselseitige Einfühlung und Resonanz, langsame oder rasche Steigerung bis zum Höhepunkt, danach ebenso langsames oder rasches Abklingen, am Ende mit »La petite mort« auch Trauer. Angst kann als kategorialer Affekt mehr oder weniger ausgeprägt vorkommen; früher war es die Angst vor

Schwangerschaft oder davor, die gesellschaftlichen oder elterlichen Gebote zu übertreten, heute eher die Angst vor Aids, aber auch Angst, dem allgemein gestiegenen Erwartungsdruck, eine vollendete Sexualität zu liefern, nicht zu genügen. Als weitere Affekte können sich – ebenso wie Angst – Scham- und Schuldgefühle störend auswirken. Während wir sonst unsere Affekte schamhaft kontrollieren und unseren Körper ebenso schamhaft verhüllen, fallen im sexuellen Geschehen alle Schranken und alle Hüllen. Jeder gibt sich – im doppelten Sinn des Wortes – nackt dem anderen preis.

Trotz mindestens zweier sexueller Revolutionen, die erste in den Roaring Twenties, die zweite nach 1968, ist der Mensch – sexuell gesehen – immer noch ein unbekanntes Wesen. Wie Erwin J. Haeberle (2000) vom Archiv für Sexualwissenschaft am Berliner Robert-Koch-Institut bestätigt, erwies sich die in letzter Zeit zunehmende Kommerzialisierung des Sex als bedenklich. Es gibt eine Überfülle sexueller Angebote, die zwar zu einer allgemeinen Entkrampfung geführt haben, die aber auch den Erwartungsdruck generell erhöht haben.

Wie wir spätestens aus dem »Literarischen Quartett« von Reich-Ranicki wissen, dreht sich alle Literatur um Sexualität und Liebe; ein Zeichen dafür, daß die Menschen sich ständig mit Sexualität und Liebe auseinandersetzen, daß sie es aber offenbar nicht schaffen, wirklich zu einer erfüllten Sexualität in Liebe zu gelangen.

»Jedem Anfang wohnt eine Zauber inne«, wissen wir aus Hermann Hesses bekanntem Gedicht »Stufen«. Das ist vielfach auch noch heute so, wie wir in der einschlägigen Jugendliteratur lesen können. Die jungen Menschen sind neugierig, aufgeregt und, wenn »es« geklappt hat, rundum glücklich, sogar ein bißchen stolz. Dabei sagt der 18jährige »Echt«-Sänger Kim Frank: »Sexualität ist ein Handwerk, das man erst erlernen muß.« Wir haben heute zwar Sexualkunde im Unterricht. Ob jeder Lehrer aber seine Schülerinnen und Schüler so locker und vital in das Thema einführt wie Leonard Bernstein die jungen Musiker bei der Probe von »Le Sacre du Printemps«, möchte ich vorsichtig bezweifeln. Der alte Muff aus tausend Jahren ist zwar weg, den

Mädchen droht auch keine Schwangerschaft mehr, und Bestrafungsängste wegen vorehelichen Geschlechtsverkehrs wird man heute vergeblich suchen. Die Eltern lassen die Jugendlichen meistens gewähren. Probleme bereitet aber die Peergroup der Gleichaltrigen. Hier drohen Blamage und Lächerlichkeit, wenn es ein Junge oder ein Mädchen noch nicht gewagt hat, aufgeklärt von »Bravo« und dem Therapeutenteam um Doktor Sommer, das berühmte Erste Mal zu riskieren. Vielfach wird unter Vorspiegelung falscher Tatsachen geblufft und geprahlt, wie die Psychologin Jutta Strich in einer Untersuchung feststellte, vorzugsweise in den Kreisen der Jungen, während sich die Mädchen leichter tun, dem Druck der Gleichaltrigen standzuhalten. Sex ohne Liebe können sich nur 23 Prozent der Jungen und 10 Prozent der Mädchen vorstellen. Familie, Partnerschaft und Treue sind heute wieder wichtige Werte (Stiefel 2000).

Heute genügt es nicht, einfach nur Sex zu haben, es muß mehr sein als das. Was früher Perversionen waren, sind längst interessante Varianten geworden, über die Spezialisten in Talk-Shows ungeniert berichten. Für die körperliche Attraktivität wird viel Zeit und Geld aufgebracht. Um für den verwöhnten Medienkonsumenten erotisch attraktiv zu bleiben, muß der Partner im realen Leben immer mehr tun. Die erotische Selbststilisierung nach den modischen medialen Mustern ist eine zeitlich wie materiell aufwendige Prozedur (Tramitz 2000). Während sich Ältere, wie ich, erinnern, wie früher Verbote uns geradezu neugierig machten, denn das Verbotene reizt ja besonders, ist für die Jüngeren heute alles erlaubt. Bei der allgemeinen Präsenz des »Sexuellen« scheint Sexualität zur »schönsten Nebensache der Welt« verkommen zu sein.

1996 bot Wieland Backes in seiner bekannten Nachtcafé-Sendung unter dem zugkräftigen Titel »Sex: Alles probiert – nichts kapiert?« eine interessante Diskussion, die unsere Einschätzungen der Lage bestätigt: »Wenn die Domina die Peitsche schwingt, der Gummifetischist in seiner zweiten Haut schwitzt und der Junior per Computer Sexualabenteuer erlebt, dann erschüttert das heute niemand mehr. Auf den Titelseiten der Illustrierten sind selbst extreme sexuelle Vorlieben zu bewundern.

Nichts bleibt mehr im Verborgenen; aufzuklären gibt es kaum noch etwas. Doch ist die sexuelle Befreiung nur ein Tummelplatz der Medien und keine Befreiung für die immer noch frustrierte Seele von ›Otto Normalverbraucher‹«, so kündigt das SDR-Magazin im März 1996 (S. 29) die Sendung an. Dort bestätigt der Soziologe die schon genannte Kommerzialisierung und spricht sogar von Industrialisierung der Sexualität. Eine Porno-Darstellerin bekennt die Freude an ihrem Tun, räumt aber gleichzeitig ein, daß ihr abends die Ruhe mit ihrem Freund genauso wichtig sei. Eine Tantra-Therapeutin propagiert fasziniert ungeahnte Möglichkeiten, während die amerikanische Sex-Beraterin Ruth Westheimer resümiert, daß nicht nur die wechselseitige zärtliche Annäherung nach wie vor der beste Weg zu einer erfüllten Sexualität sei, sondern daß auch Familie, Schule und Kirche dabei eine wichtige Aufgabe hätten. Haben aber die Menschen wirklich alles probiert und alles kapiert? Da habe ich meine Zweifel. Bei so viel Unklarheit im öffentlichen Bewußtsein wird es gut sein, einmal die verschiedenen Wissenschaften daraufhin zu befragen, was nun Sexualität eigentlich ist.

Wissenschaftliche Positionen

Sexualität ist eine besondere Form menschlicher Aktivität, die biologisch durch spezifische physiologische, die Genitalen einschließende Vorgänge gekennzeichnet ist, die Lust bringen und die Fortpflanzung ermöglichen. Soziologisch gesehen stellen sie in besonderer Weise soziale Beziehungen her. Psychologisch geht es um Sehnsucht nach körperlicher Erfüllung und ein spezifisch sexuelles, nicht immer mit Liebe und Zärtlichkeit verbundenes, intensives Erleben, das durchaus die Lebensqualität erhöhen kann, aber auch sehr anfällig für Störungen ist.

Sexualität ist daher eine Herausforderung für alle, die sich um Humanität in Glaube und Wissenschaft bemühen. Sexualität ist immer noch das Tabuthema Nummer eins, sie entbehrt nicht eines gewissen sakralen Mythos. Trotz zweier sexueller Revolutionen (in den zwanziger Jahren mit dem Erstarken des Bürgertums und nach 1968 während der Studentenrevolte) hat sie nichts an Faszination verloren und erscheint im öffentlichen Bewußtsein nach wie vor als besonders delikater Gegenstand.

Historische Perspektive

In allen Gesellschaften wurden in historisch verschiedenen Zeiten Tabus errichtet und Riten (Initiations- und Hochzeitsriten, Fruchtbarkeitsbräuche) eingeführt, die das sexuelle Handeln der Menschen regeln (Benedict 1955) und ihnen unterschiedliche Rollen und Freiheiten erlaubten (Mead 1958). Heute sind derartige Regeln entfallen, die religiösen Maßstäbe sind zerbrochen, so daß Verunsicherung, Orientierungslosigkeit und Rollenunsicherheit weit verbreitet sind. Statt dessen beeinflussen implizite Normen der gegenwärtig herrschenden industriellen Leistungsgesellschaft das sexuelle Verhalten. Sexualität wird dadurch zu einem oft zwanghaft ausgeführten und destruktiven Erleben, das Spontaneität, Gefühl, Liebe und Körperbezug vermissen läßt. In der Sicht der kritischen Theorie (Horkheimer u. Adorno 1947) zwingen ökonomische Krisen und politische Verhältnisse zur Anpassung der Sexualität an die herrschende Kulturindustrie und lassen sie zu einer austauschbaren Ware im Sinn eines Fetischs oder eines »verdinglichten Bewußtseins« (Marx) verkommen. Mit Sexualität wird Herrschaft ausgeübt, wird ausgebeutet. Durch die »sexuelle Zwangsmoral« (Wilhelm Reich 1936) wird das sexuelle Erleben erheblich reduziert. Das Resultat ist der sich selbst und anderen gegenüber entfremdete Mensch, der, dergestalt beeinflußt, seine Sicherheit in sich selbst und seine Eingebundenheit in eine tragende und schützende Umwelt verloren hat.

Philosophische Perspektive

Bei Spinoza geht Sexualität aus einem Trieb hervor, ist mit Begierde (cupiditas) und Lust verknüpft, erscheint trotz ihrer Leidenschaft durch Reflexion beherrschbar und kann zur Zufriedenheit (aquiescentia) des Menschen beitragen. Ludwig Feuerbach (1848/49) sieht Sexualität in seiner ebenso materialistischen wie sensualistischen Sicht durchaus in ihrer Sinnlichkeit: »Mit den Sinnen lesen wir das Buch der Natur.« Bei Schopenhauer ist Sexualität Ausdruck von Wille, der nicht ruht und, trotz Mangel und Leiden, »erkennt, was er will«. Bei Max Scheler (1928) ist der Mensch ein »ens amans«, zu seinem Wesen gehören Sexualität und Liebe, als »ordo amoris« eingebunden in eine Werthierarchie, in der die Affekte neben geistigen und religiösen Werten einen relativ hohen Rang erhalten: »Wer den ordo amoris hat, hat den Menschen.« Plessner (1964) betont die »exzentrische Position des Menschen«, die ihn befähigt, nicht nur wie das Tier sexuell zu leben, sondern aus der Distanz zu reflektieren, während Gehlen (1958) auf die gerade wegen des Verlustes an Instinkt notwendig gewordene Entlastungsfunktion durch Institutionen einschließlich gesellschaftlicher Sanktionen auf dem Gebiet der Sexualität aufmerksam macht.

Soziologische Perspektive

Die Gesellschaft definiert die zwar biologisch vorgegebenen, aber stets sozial vermittelten und damit historisch verschieden gestalteten Rollen von Mann und Frau, Kind und Erwachsener. Sexualität läßt in ihrer »gesellschaftlichen Produktion von Unbewußtheit« (Erdheim 1982) ebenso doppelte Moral zu wie die Herrschaft des einen Geschlechts über das andere. Die kritische Soziologie untersucht die Kanalisierung der Sexualität in Ehe und Familie und stellt Schichtunterschiede heraus. Sie problematisiert die jeweils vorherrschende sexuelle Unterdrückung, weist auf neue mögliche Freiheiten hin und trägt zur Emanzipation der Frau bei. Schelsky (1955) beschreibt die dem Mann größere Freiheiten erlaubende Institutionalisierung der Sexualität aufgrund der Geschlechterrollen, ihre soziale Differenzierung und Einbindung in die Ehe und die unvermeidliche Prostitution als Ventil, nachdem Freud (1908b) auf das durch Unterdrückung der Sexualität bedingte »Unbehagen in der Kultur« und auf die »moderne Nervosität« durch die »kulturelle Sexualmoral« aufmerksam gemacht hatte.

Biologische Perspektive

Isoliert aufgezogene Ratten und Primaten sind sexuell ineffizient und können nicht kopulieren. Auch beim Menschen wirken sich frühe Erfahrungen in der Mutter-Kind-Beziehung auf das spätere sexuelle Verhalten aus. Ist die frühe Mutter-Kind-Beziehung hinreichend gut, bietet sie Güte, Einfühlungsfähigkeit und Zuwendung, dann wird sich das im späteren sexuellen Verhalten günstig auswirken, ist sie von Mangel geprägt, dann resultieren Hemmungen, Unfähigkeiten, Ängste, Perversionen und sexuelle Störungen wie Impotenz oder Anorgasmie.

Nicht weniger folgenreich sind die während der ödipalen Situation des Kindes zwischen Mutter und Vater im Alter von drei bis sechs Jahren gemachten Erfahrungen, die traumatisierend sein können bei Verführung, sexuellem Mißbrauch, permanenter Zurückweisung.

Masters und Johnson (1966) haben vier Phasen der sexuellen Reaktion beschrieben, nämlich 1. Erregung, 2. Plateau, 3. Orgasmus und 4. Rückbildung. Im weiblichen Genitale wurde die orgastische Manschette am Scheideneingang, das Zeltphänomen der tieferen Scheide und die Kontraktionen der äußeren Muskeln beim Orgasmus erstmals beschrieben sowie zahlreiche Variationen des sexuellen Akts.

Perspektive der Verhaltensforschung

Sexuelle Bedürfnisse sind, dem Hunger vergleichbar, triebhafter Natur. Das heißt, sie treten periodisch auf und sind mit Spannung und Entspannung verbunden. Als animalische Erbschaft ist der Mensch zumindest partiell instinktgesteuert, mag dies auch für manche kränkend sein. Neben dem von Freud postulierten

Sexualtrieb wird heute die Triebausstattung des Menschen eher differenziert gesehen, kompatibel mit Ergebnissen der Verhaltensforschung.

Sie unterscheidet neben dem Sexualtrieb Neugier, Bindungs- und Kontaktbedürfnis und einen Spieltrieb. Es gibt sensible Phasen, in denen Prägungen stattfinden. Die Verhaltensforschung beschrieb artspezifisches Werbe- und Paarungsverhalten.

Konrad Lorenz machte auf die Rolle visueller Schlüsselreize im Tierreich aufmerksam; ihnen entsprechen beim Menschen erotische Reize wie für Männer Busen oder Beine, für Frauen Körpergröße oder besondere männliche Ausstrahlung. Die Pornographie nutzt die Ansprechbarkeit beider Geschlechter auf erotische Reize gezielt aus. Außerdem scheinen Duftstoffe wie im Tierreich auch beim Menschen ebenso eine Rolle für die sexuelle Anziehung zu spielen wie hormonale Einflüsse.

Der Mensch ist aber diesen Reizen und Einflüssen nicht blind unterworfen, sondern kann durch Erfahrungen und über Vorbilder lernen, sie zu steuern. Insofern ist der Mensch zwar vom Trieb angetrieben, kann aber seinerseits darüber entscheiden, was er mit dem Trieb macht – ihn ausleben, aufschieben oder auf seine Befriedigung verzichten.

In neurotischen Zuständen sind diese Freiheiten allerdings durch die unbewußte Verknüpfung mit traumatischen Erfahrungen mehr oder weniger eingeschränkt.

Psychoanalytische Perspektive

Neben dem physiologisch und soziologisch beobachtbaren Verhalten spielt sich während sexueller Aktivitäten sehr viel psychisch in den jeweils beteiligten Menschen ab: Sie sehnen sich bewußt nach sexuellem Kontakt, suchen einen passenden Partner oder eine passende Partnerin, überlegen sich, wie sie vorgehen, lassen sich aber gleichzeitig auf die in ihnen aufsteigenden Triebregungen und die begleitenden Gefühle ein (to *fall* in love).

Die andere Person reagiert und handelt ihrerseits. Zwischen beiden Personen entwickelt sich ein wechselseitiger Prozeß von

Aktion und Reaktion, der, je nach den dabei beteiligten Persönlichkeiten und deren seelischem Entwicklungsstand, unterschiedlich abläuft. Dabei werden sehr viele Fähigkeiten gefordert, um sich selbst und die andere Person ebenso einfühlend wie gekonnt einzubringen. Die beiden Personen können in ihrem Erleben eher (narzißtisch) bei sich selbst sein oder eher (objektbezogen) beim anderen.

Unbewußt können latente Objektbeziehungen reaktiviert werden, wie zum Beispiel Konkurrenz zu gefürchteten Rivalen, Verschmelzung mit ersehnten oder verinnerlichten mütterlichen oder väterlichen Aspekten, Idealisierungen oder Entwertungen der eigenen oder der anderen Person. Ängste vor Schwangerschaft und Probleme der Verhütung können sich bemerkbar machen und wollen bewältigt werden.

Entweder wird unverbindlich sexuelle Befriedigung ohne Liebe gesucht, oder die liebende Zuwendung ist das Ziel und die Sexualität der Weg, um eine immer tiefere, verbindliche Beziehung aufzubauen. Unvermeidliche aggressive Anteile stehen im Dienst der Liebe oder aber, wie in der Perversion, die Liebe im Dienst der Aggression. Dabei erlebt sich das kopulierende Paar entweder im Einklang mit der Gesellschaft und deren Normen oder im Gegensatz zu ihr.

Das herrschende Leistungsprinzip kann das Lustprinzip der Sexualität und den sinnlichen Genuß beeinträchtigen. Statt Qualität wird dann Quantität gesucht.

Männliche Projektionen, die in der Frau eine bezirzende Kirke, eine bedrohende Sphynx oder eine verschlingende Venus sehen, stören dabei ebenso wie weibliche, die im Mann nur den Verführer, Vergewaltiger oder ausbeutenden Macho sehen. Rachegefühle der Frauen aufgrund der Ausbeutung durch die Männer stören ebenso wie Herrschaftsansprüche der Männer gegenüber den Frauen. Phantasie und die Kunst des Liebens (Ovid, Kamasutra) erlauben dagegen spielerische Variationen und kooperative Weiterentwicklungen.

Frauen haben selten das Glück, sich mit einer sich ihrer geschlechtlichen Identität sicher fühlenden Mutter identifizieren zu können. Ihre Väter versagen ihnen oft das nötige Interesse an ihnen als Subjekt. Sie neigen daher dazu, sich unsicher zu fühlen, erleben sich eher als Objekt des Mannes und haben größere Schwierigkeiten, zu sich selbst zu finden und autonom zu werden. Die Unsichtbarkeit ihres Genitale erschwert es, sich körperlich klar zu orientieren und ein stabiles Körperbild aufzubauen. Sie erleben sich sexuell als eher offenes System, wollen das Objekt eher festhalten und haben Ängste, sich zu trennen. Frauen suchen anfangs im Märchenprinzen die große Liebe, die sie für manche Entbehrungen entschädigt, weniger Sexualität allein. Sie neigen dazu, ihre Erfahrungen mit ihren Müttern auf Männer zu übertragen und diese zu sehr (bis zur Verfallenheit oder Hörigkeit) so zu lieben, wie sie gewünscht hatten, von der Mutter geliebt zu werden. Ungelöste ödipale Konflikte im Dreieck des Kindes zwischen Mutter und Vater tun ein übriges, das sexuelle Verhalten und Erleben bei beiden Geschlechtern zu beeinträchtigen.

Männer haben es leichter, sich an ihrem sichtbaren Organ männlich zu orientieren und sind eher nach außen orientiert. Sie suchen eher Sexualität und weniger Liebe und Intimität. Sie haben aus frühen Erfahrungen mit vereinnahmenden Müttern eher Ängste, von Frauen verschlungen zu werden. Sie meiden häufig jede Andeutung von Schwäche, weil sie dann unbewußt an die frühe Abhängigkeit von der Mutter erinnert werden; daher ihr Bemühen, alles zu beherrschen, zu kontrollieren (Technik, Wissenschaft), eben auch die Sexualität. Sie glauben, auch in der Rivalität mit anderen Männern, immer stark, potent sein zu müssen. Sie verfehlen sich dadurch vielfach selbst, da sie vor lauter Angst, sich behaupten zu müssen, nicht zu sich selbst kommen. Sie sind deswegen oft hingabegestört und können Nähe und Zärtlichkeit schwer ertragen. Sie suchen Sexualität aus anderen Motiven als aus Liebe: aus Neugier, zur Selbstbestätigung. Durch die Emanzipation der Frauen sind sie eher verunsichert.

Obwohl die Sexualität in der Schöpfung angelegt ist (»Seid fruchtbar und mehret euch«, 1. Mose 22, 17) und nach dem Hohen Lied Genuß und Freude verheißt, ist sie seit der Vertreibung aus dem Paradies mit Leid und Tod verbunden. In psychoanalytischer Deutung des Bibelabschnitts Genesis 3 gerät der Mensch dadurch, daß er aus Neugier und Interesse das Verbot übertritt, aus dem Stand der Unschuld in einen neuen psychischen Zustand, der Gut und Böse zu unterschieden vermag. Damit weiß der Mensch auch um Sexualität und ist damit in den Stand der Schuld erhoben.

Jesus hatte ein eher ausgewogenes Verhältnis zur Sexualität; sonst hätte er nicht so unbefangen mit Huren und Zöllnern reden können. Trotzdem wurde Sexualität seit Paulus (1. Kor. 7; der Zölibat ist besser als Sexualität in der Ehe) und verstärkt durch Augustinus und Thomas von Aquin in der katholischen Kirchenlehre bis zur Enzyklika »Humanae vitae« (1968) manichäisch und pejorativ tabuisiert und in vielen, archaischen Schrecken erregenden Bildern mit Schuld und Sünde in Zusammenhang gebracht.

In der christlichen Mystik erscheint das Tabuisierte in entstellter Form wieder, etwa bei Mechthild von Magdeburg (Bilder von Feuer und Flamme, von ekstatischem bis zur Erschöpfung führenden Tanz und von der heiligen Hochzeit).

Luther und der Protestantismus hatten zwar ein freieres Verhältnis zu Sexualität, Calvin erließ aber wieder strenge Vorschriften, die im viktorianischen Zeitalter mit seiner Prüderie und Doppelmoral einen vorläufigen Höhepunkt erreichten.

Hauptsache oder Nebensache?

Sind wir mit diesem Wissen nun klüger geworden? Mir scheint, daß nach wie vor zwei Thesen offen im Raum stehen. Die eine lautet: Thema eins im Leben ist Sexualität. Mit anderen Worten: Wir suchen nichts anderes als eine erfüllte Sexualität. Die Gegenthese lautet: Sexualität ist nicht alles. Es gibt genügend andere Ziele und Werte im Leben, echte Freundschaft, Kunst, Natur, Literatur, Musik; erfüllte Liebe (mit oder ohne Sexualität), Hingabe an eine Lebensaufgabe, leidenschaftliches Kämpfen für ein bestimmtes politisches Ziel, für eine bessere Umwelt. Mancher findet Erfüllung in Haus und Garten, beim Wandern, andere, wie gerade ich jetzt, beim Schreiben von Artikeln und Büchern, wieder andere im Sport oder bei einem guten Essen. Die Liste menschlicher Leidenschaften kann jeder beliebig verlängern.

Welche Belege finden wir für unsere erste These: *Sexualität ist die Hauptsache im Leben?* Schauen wir uns in unserem Bekanntenkreis um. Da entdecken wir den jungen Mann, gut aussehend, Frauenheld, der jedes hübsche Mädchen erobert. Die Schule ist ihm nicht wichtig, aber die Zahl seiner Eroberungen; ein typischer Don Juan. Ein Philosophieprofessor erzählte mir glaubhaft, daß er jeden Tag eine Frau brauche und auch gewinne und damit sie und sich selbst glücklich mache. Elfriede Jelinek erzählt in ihrem Roman »Lust«, daß die Menschen in Graz sich täglich Zeit für Sexualität nehmen. Sie ist ihnen wichtiger als alles andere. Sie denken immer nur an das Eine.

Studien über das Sexualverhalten von Jugendlichen (Schmidt u. Strauß 1998) belegen, daß sich früh übt, was ein Meister werden will: 35 Prozent der männlichen und 30 Prozent der weiblichen Jugendlichen in Deutschland haben vor dem 17. Lebensjahr Sex, 65 Prozent der männlichen Jugendlichen in Schweden.

Rein physiologisch ist Sexualität denkbar gesund: Der Kreislauf wird gefördert, der Stoffwechsel erhöht, die Immunabwehr gestärkt. Sex soll sogar Magengeschwüre, Brustkrebs und Prostatakrebs verhüten (ARD-Ratgeber Gesundheit 29.5.1999).

Homosexuelle »outen« sich als Schwule und Lesben und laden zu Festivals ein. Bisexualität ist in. Frauenzeitschriften wie »Petra«, »Brigitte«, »Freundin« und »Für Sie« haben die Erotik entdeckt und bringen ungeniert alle sexuellen Details zur Sprache. Mit Sexfilmen, Prostitution und Pornographie lassen sich Millionen umsetzen. Selbst im Cyber-Sex (Sex über Internet) spiegelt sich die enorme Macht dieser Naturkraft. Scheinbares Fazit: Sexualität ist tatsächlich alles. Sie spielt eine zentrale Rolle im menschlichen Leben; besonders in Jugend und frühem Erwachsenenalter. Viele Männer denken tatsächlich nur an das Eine. Diese Fakten stehen auch im Einklang mit Ergebnissen der Psychoanalyse, der man ja einst den Vorwurf des Pansexualismus machte: der Sexualtrieb, die Libido, ist die entscheidende Kraft des Lebens; verabsolutiert durch Wilhelm Reichs »Die Funktion des Orgasmus« (1923) ein fundamentaler Trieb, ein »Basic Instinct«, der sich auf alles auswirkt, das Leben beherrscht, wenn nicht bewußt, dann unbewußt – reflektiert in Literatur, Kunst, Musik, besonders im Pop und Jazz. Selbst die Bibel singt vom hohen Lied der Liebe, das Decamerone von Boccaccio belegt unsere These ebenso wie die Märchen von 1001 Nacht, die griechische Mythologie mit Jupiter, Pan und Eros; und auch Goethe in »Dichtung und Wahrheit«.

Es gibt aber auch Argumente für unsere Gegenthese: *Sexualität ist nicht alles im Leben.*

Zahlreiche nichtsexuelle Leidenschaften habe ich schon genannt. Für viele gibt es Wichtigeres als Sexualität, Aktivitäten die sie glücklicher machen als das sexuelle Geschehen und auf eine Weise bereichern, daß Sexualität gänzlich in den Schatten gestellt wird.

Es gibt aber auch noch andere Gründe, weshalb manche Menschen anderes in ihrem Leben für wichtiger halten als Sexualität. Wie Tim Frank schon sagte, ist Sexualität ein Handwerk, das man erst erlernen muß. Sexualität ist in der Tat nicht leicht praktisch umzusetzen. Schon die Vorbereitung ist aufwendig. Was vollbringen selbst im Tierreich die Männchen für Kunststücke, um sich die Gunst des Weibchens zu erringen. In der Psychoanalyse spricht Michael Balint (1966) von »Eroberungsarbeit«. Damit ist gemeint, daß Ausdauer, Zielstrebigkeit, Geschick, Phantasie, Schlagfertigkeit und nicht zuletzt Humor dazu gehören, um zum Ziel zu kommen. Ein weiterer Grund, lieber enthaltsam zu leben, ist die real begründete Angst vor Aids.

Dazu kommen schlechte Erfahrungen, die wir im Lauf unseres Lebens mit der Sexualität gemacht haben. Das fängt schon, wie insbesondere Psychoanalytiker wissen, in der Kindheit an. Schlimmster Fall ist der sexuelle Mißbrauch, die Mißhandlung mit sexuellen Mitteln, Übergriffe Erwachsener in die unschuldige Welt der Kinder. Trotz sexueller Befreiung sind bei vielen Menschen unbewußt in der Kindheit erfahrene Drohungen und Entwertungen am Werk. Am häufigsten aber sind Defizite an emotionaler Zuwendung im Kindesalter, an Bestätigung des eigenen Selbstwerts, Mangel an angemessener Orientierung bei der sexuellen Aufklärung

Außerdem ist die Entwicklung zu einer reifen Geschlechtsidentität als Mann oder Frau sehr schwierig und in jeder Entwicklungsphase störanfällig. Dabei spielen die Art der Bindung und Ablösung in der Mutter-Kind-Beziehung eine ebenso wichtige Rolle wie die Art und Weise, in der die »depressive Position« (Melanie Klein) und der Ödipus-Komplex (Freud) bewältigt wurden. Kam es hier zu Verletzungen, Kränkungen und Demütigungen, dann resultieren daraus nachhaltige seelische Störungen, die im besten Fall dazu führen, das unangenehme Gebiet gänzlich zu meiden und sich lieber unverfänglichen Interessen zuzuwenden.

Die sogenannte Oralität wird verstärkt besetzt in Form von Essengehen, wo der Gourmet im verfeinerten Essen den kulinarischen Genuß dem sexuellen vorzieht. In der Jugend kann beispielsweise Grafitti-Sprayen an allen verfügbaren Flächen effektiver Ausgleich sein. Dazu kommen Extremerlebnisse, welche die innere Leere ausfüllen; wie zum Beispiel Bungee-Springen. Alle möglichen sportlichen Aktivitäten sorgen für Ausgleich. Leistungssport, von wenigen praktisch ausgeübt, von vielen aber am Bildschirm erregt verfolgt, ersetzt die als schwierig empfundene Sexualität und ermöglicht Erregung, Spannung und Entspannung. Viele flüchten in rastlose Arbeit bis hin zur Arbeitssucht, sind dabei gesellschaftlich durchaus produktiv, widmen ihr Leben dem Aufbau eines Unternehmens in Wirtschaft, Banken, Handel oder Handwerk, finden Erfüllung in Berufungen als Arzt, Pfarrer oder Lehrer. Andere weihen ihr Leben der Kunst als hingebungsvolle Maler oder Musiker. Literaten finden Erfüllung ihrer Sehnsüchte in der Literatur. Statt Sexualität zu praktizieren, schreiben sie lieber darüber, rezensieren und diskutieren. Das immer noch beliebte »Literarische Quartett«

Marcel Reich-Ranickis ist deswegen so interessant, weil darin so viele Affekte zum Ausdruck kommen.

Kein Wunder, daß die reale sexuelle Zufriedenheit abnimmt. »Sexualität stirbt«, beklagte der Sexualitätsforscher Ernest Borneman. Künstlichkeit beherrscht die Szene, angefangen mit der Puppe »Olympia« in E. T. A. Hoffmanns »Sandmann«, neu variiert durch Bodo Kirchhoff (1993), bis hin zum schon genannten Cybersex über Mailboxen, Daten-Disk und CD-Rom-Pornos. In einer »Spiegel«-Umfrage von 1994 finden nur 10 Prozent der Jugendlichen Sexualität wichtig. Andere Werte haben Vorrang: Gesundheit (54 %), Liebe (54 %), Freundschaft (45 %) und Familie (43 %). Jüngere Paare klagen über Lustverslust und Langeweile. Unaufrichtigkeit und übertriebenes Harmoniestreben vermiesen ihnen den Spaß im Bett. 90 Prozent der französischen Männer zwischen 16 und 69 blieben im letzten Jahr ihrer Partnerin sexuell treu, 95 Prozent der Frauen ihrem Partner! Wenn Sexualität stattfindet, dann in konstanten Beziehungen, keinesfalls als Promiskuität. Bindungslosigkeit, Libidoverlust, Hang zu Selbstbefriedigung und Pornographie bestimmen nach einer »Spiegel«-Titelgeschichte von 1993 das Leben moderner Menschen. Nach INRA – International Research Associates (Focus 1995) – ist der Anteil der Europäer, die an einem durchschnittlichen Tag Sex hatten, ganze 11,5 Prozent. Weit höhere Prozentsätze erreichen zum Beispiel Einkaufen (51 %) oder »jemanden anschreien« (24 %). Entsprechend sind sexuelle Funktionsstörungen wie Impotenz, Anorgasmie und Angst vor Hingabe weit verbreitet.

Nach Schmidt (1996) klagten 1977 von den Patientinnen, die in Hamburg eine Sexualberatungsstelle aufsuchten, 80 Prozent über Orgasmusstörungen, aber nur 8 Prozent über Lustlosigkeit. 1994 ergab sich ein nahezu konträres Bild: 58 Prozent klagten über Lustlosigkeit und nur 29 Prozent über Orgasmusstörungen.

Im Rahmen der 13. Sigmund-Freud-Vorlesung an der Universität Frankfurt hat Reiche (2000) eine sexualwissenschaftliche Zeitdiagnose der gegenwärtigen Kultur gestellt und dabei Gedanken entwickelt, die meiner These, »warum Sexualität nicht alles ist«, sehr nahe kommen und diese soziologisch stützen. Er fragt: »Was machen wir mit der Sexualität?« Dabei stellt er einen »drastischen Rückgang« (S. 12) sexuellen Verhaltens fest mit abnehmender Koitushäufigkeit. Statt dessen wird die eigene Sexualität »in die Welt der Reklame, des Internets und der Talkshows« projiziert. Der Grund dafür ist natürlich, daß wir primär Probleme mit der Sexualität haben; vor allen Dingen mit den damit verbundenen Affekten. Wir haben meiner Auffassung nach zu wenig gelernt, Affekte der Freude, der Überraschung in zwischenmenschliche Beziehungen einzubringen und zu pflegen. Hier bestehen also nicht nur Konflikte, sondern auch Defizite in den entsprechenden Fertigkeiten. Kein Wunder, daß wir dann unter Rückgriff auf die bewährten unbewußten Abwehrmechanismen der Spaltung und der Projektion uns von den schwer erträglichen Gefühlen der Unvollkommenheit befreien wollen dadurch, daß wir lieber über Sexualität reden als sie vollziehen. »Du mußt mir nicht nur sagen, wie lieb du mich hast«, sagt Piroschka in dem alten Film »Ich denke oft an Piroschka«, »du mußt Liebe auch tun«. Das scheint aber anstrengend (»Eroberungsarbeit«!). Außerdem ist mit dem akuten Vollzug immer auch das Risiko des Scheiterns, der Blamage vor dem anderen verbunden. Man riskiert auch, daß die andere Person sich plötzlich zurückzieht und uns abweist. Das ist sehr schmerzlich, wenn wir feststellen, daß wir uns getäuscht haben. Wir sind dann enttäuscht. Manche ziehen sich daraufhin für immer in ihr Schneckenhaus zurück und lernen erst langsam, nach Überwindung der vorausgegangenen wiederholten Kränkungen, ihre Fühler wieder auszustrecken.

Es ist leichter, ein Porno-Video gemeinsam anzusehen als selbst aktiv mit Sexualität zu experimentieren. Hier kommt der Affekt Angst ins Spiel – Angst vor dem Risiko, Angst vor Kränkung; manchmal gründet die sexuelle Trägheit in Bequemlichkeit und allgemeiner Passivität.

Die von Reiche gestellte Diagnose bezieht sich keinesfalls nur auf unser sexuelles Verhalten. Unser gesamtes Verhalten ist durch mangelndes Risiko und Vermeiden echter zwischenmenschlicher Begegnungen gekennzeichnet. Bedenklich wird es, wenn das Reden über Sex, das Ansehen von Pornos oder auch das, was ich jetzt tue, das Schreiben über Sexualität, zum einzigen Weg wird, über den Sexualität noch gelebt werden kann. Dann hätte die irreale Show tatsächlich die reale Sexualität ersetzt. Unser Verhalten entspräche dann genau dem der Exhibitionisten oder Voyeure, denn diese meiden den konkreten sexuellen Akt zugunsten eines Teilaspekts, so wie Freud früher perverses Verhalten definierte, hier: Zeigen und Schauen. Wie dabei Affekte ausgelebt werden können, sogar im Sinn der alten Definition der Affektabfuhr, des Abreagierens von Affekten, ohne daß wir direkt selbst in zwischenmenschlichen Aktionen engagiert sind, zeigt sich als Massenphänomen etwa bei den Zuschauern von den so beliebten Fußballspielen.

Drei Chancen für intensiveres sexuelles Erleben

Im Ergebnis hätten wir damit zahlreiche Gründe gefunden, warum Sexualität nicht alles ist. Viele Leserinnen und Leser werden mit meinen Belegen für beide Thesen – Sexualität als Haupt- oder als Nebensache im Leben – ebensowenig zufrieden sein wie mit den Ergebnissen meiner Recherche bei den einzelnen Wissenschaften. Um auch sie zufriedenzustellen, werde ich daher unter Rückgriff auf neuere Entwicklungen in der Psychoanalyse versuchen, das Thema Sexualität in drei neuen Richtungen weiter zu diskutieren, nämlich vertiefend, erweiternd und verfeinernd.

Vertiefung unseres sexuellen Erlebens ist möglich durch stärkere Berücksichtigung des Affekterlebens. Ich hatte in meinem Buch über die Leidenschaften (1978/1994) aus psychoanalytischer Sicht das vielfache Fehlen der Affekte in einer leidenschaftslosen technokratischen Welt beklagt und, wie ich hoffe, leidenschaftlich für eine neue Leidenschaftlichkeit plädiert; das heißt für mehr Begeisterung in unserem privaten Leben, für mehr Engagement im Beruf und für einen leidenschaftlichen Dialog in der Liebe.

Ich schlage nun vor, zur Vertiefung unseres Affekterlebens, nicht nur in der Sexualität, sondern generell in unseren zwischenmenschlichen Beziehungen, die Dimension der Affekte stärker zu berücksichtigen, also uns nicht nur intellektuell immer wieder zu orientieren, wo wir stehen, was wir gut und was wir nicht so gut gemacht haben, sondern den damit verbundenen Affekten gezielt nachzugehen und beispielsweise zu fragen: Vielleicht sind da noch aus enttäuschenden Erfahrungen in einer wichtigen Beziehung Affekte des Ärgers oder sogar der Wut zurückgeblieben oder auch nicht eingestandener Neid. Dann kommt es darauf an, sich dieser Affekte bewußt zu werden, sie zuzulassen und daran zu arbeiten. Denn es gilt nicht nur »Cogito, ergo sum« (Ich denke, also bin ich), sondern auch: »Sentio, ergo sum« (Ich fühle, also bin ich).

Erweiterung der Sexualität ist möglich durch den Ausbau des Beziehungserlebens. Die neue psychoanalytische Objektbeziehungstheorie wurde auf der Grundlage Sigmund Freuds und Melanie Kleins durch eine ganze Reihe von Psychoanalytikern der zweiten und dritten Generation nach Freud erweitert. Ich habe die wesentlichen wissenschaftlichen Beiträge zu dieser neuen Theorie in dem Buch »Psychologie der zwischenmenschlichen Beziehungen« (Kutter 1982) zusammengefaßt. Sie betonen alle die große Bedeutung dessen, was sich zwischen Menschen abspielt:

- Die Wichtigkeit des Suchens nach einem verständnisvollen Anderen, aber auch die Angst davor.
- Die primär gegebene Bezogenheit auf andere Menschen und die Fragwürdigkeit all jener Theorien, die nur – wie schon Nietzsche – auf die Macht des Ich setzen und das Autonomieprinzip absolut setzen.
- Nicht die Befriedigung um jeden Preis ist wichtig, sondern die Beziehung. Das heißt für die Sexualität: »der eine« oder »die eine« und nicht »das eine«.
- Das Leben wird als Dialog gesehen, nicht als Selbstzweck. Dieser Dialog kann allerdings, wenn wir das Prinzip Beziehung nicht beachten, leicht entgleisen (Spitz 1976).
- Die emotionale Zuwendung in der Beziehung zu einem Kind oder Jugendlichen für die seelische Entwicklung wird hervorgehoben. »Kinder sind Gäste«, schrieb der Stuttgarter Psycho-

therapeut Felix Schottlaender (1953) in »Des Lebens schöne Mitte«. Werden sie schlecht behandelt oder gar mißbraucht, können sich leicht psychische Störungen bei den betroffenen jungen Menschen entwickeln. Ihre Beziehungsfähigkeit läßt dann zu wünschen übrig.

Auf dem Hintergrund der modernen Objektbeziehungstherapie wird schließlich auch die Qualität der Beziehung in der Psychotherapie stärker beachtet als früher. Fazit: Es lohnt sich, die Qualität der Beziehung zu wichtigen Bezugspersonen immer wieder einmal daraufhin zu überprüfen, ob sie nicht Störungsanteile enthält. Das können sogenannte Übertragungen von Affekten sein, die im Grunde gar nicht die andere, mir wichtige Person meinen, sondern unbewußt einer Person der Vergangenheit gelten, oft der Mutter oder dem Vater, mit denen man seelisch noch nicht fertig ist. Das können auch Projektionen sein, wenn ich im anderen ein Ideal sehe oder das krasse Gegenteil, nämlich einen Teufel, der er real so wenig ist wie ein Engel. Beziehungen wollen wie Pflanzen, Tiere oder auch Autos gepflegt sein, sollen sie lange halten. Sexualität gedeiht am besten in intimen persönlichen Beziehungen, die über gegenseitige Aussprache aufgebaut werden können. Schon im Gespräch gibt es Distanz und Nähe, Mißtrauen und Vertrautheit, Verschlossenheit und Offenheit. Kein Kontakt ohne Takt, das heißt Zeitgefühl und Fingerspitzengefühl. Sexualität ist eine Brücke vom eigenen Körper zu dem des anderen. Sie ist in ständiger Entwicklung begriffen, eröffnet ungeahnte Möglichkeiten an Variabilität und Plastizität, birgt aber auch Gefahren, denn jeder setzt den anderen und sich selbst eigenen Schwächen und Blößen aus. Nichts bleibt verborgen (»sie sahen, daß sie nackt waren«). Sprache erleichtert die menschliche Dimension der Sexualität; insofern ist sie ein »leidenschaftlicher Dialog«. Sie verbindet Menschen in höchster Lust und läßt sie spätestens nach dem Orgasmus im »petite mort« meist doch allein. Sexualität und Zärtlichkeit können jeweils für sich und zusammen erlebt werden. Sexualität kann Zärtlichkeit und Intimität behindern, wenn sie zu schnell ihr Ziel sucht und den Weg, nämlich Sinnlichkeit und Intimität, vergißt.

Was ich als Qintessenz der Beziehung meine, hat Antoine de Saint-Exupéry in »Der kleine Prinz« unübertroffen in die schöne Parabel mit dem Fuchs gekleidet: »Du bist zeitlebens für das verantwortlich, was du dir vertraut gemacht hast.«

Verfeinerung wird möglich durch stärkere Beachtung des Selbsterlebens (vgl. Abschnitt »Selbstpsychologie, S. 59ff.). Man muß erst zu sich selbst gekommen sein, in sich selbst ruhen, statt außer sich zu sein, selbstverloren. Dann können wir auch den Weg zu anderen, zum Du finden.

Vom Sinn des Lebens

Ich meine, daß wir das Thema Sexualität nicht ohne die Frage nach dem Sinn unseres Lebens beenden können. Mit der Sinnfrage meine ich das Suchen nach einer echten Identität im Sinne von Erikson (1950) eines »dauernden inneren Sich-selbst-Gleichseins« auf der Basis eines inneren Kerns, mit klaren eigenen Werten, zu denen wir stehen, um die wir aber immer wieder ringen müssen. Wir wollen uns zuallererst selbst treu sein, in der Beziehung zu uns selbst wie in der Beziehung zu anderen.

Dazu gehört eine permanente Bewältigung der Vergangenheit; liegengebliebene alte Rechnungen müssen neu aufgerollt, diskutiert und neu bewertet werden. Manche Jugendtorheit kann dabei relativiert werden, im milderen Licht gesehen und in das realistischer gewordene Selbstbild integriert werden. Nicht bewältigte Traumatisierungen unserer Kindheit und Jugend wollen nachträglich bewältigt werden, denn ungelöste seelische Probleme wirken sich unweigerlich auf unser gegenwärtiges Leben aus. Alte unverarbeitet gebliebene Kränkungen, Traumatisierungen und Defizite wollen wiederbelebt werden, um endlich überwunden zu werden. Dazu ist nicht immer eine Psychoanalyse notwendig, aber immer wiederkehrende harte »Trauerarbeit« (Freud 1916) Konfrontation mit Situationen, in denen wir versagt haben, andere verletzt haben oder selbst verletzt wurden. Statt dem vielzitierten Satz »Das kann ich dir nie verzeihen!«

können doch noch Aussprachen gesucht und im klärenden Gespräch nachträgliches Verzeihen möglich werden.

Selbst Krankheiten können uns helfen, zu uns selbst zu kommen, wie die Aussagen von Frauen zeigen, die wegen Brustkrebs operiert wurden: Durch die Krankheit hab ich zu mir selbst gefunden. Ich habe versucht, die Krankheit als Chance zu sehen, als eine Prüfung, die ich bestehen muß.

Der früh verstorbene Cheflektor des S. Fischer-Verlags, Willi Köhler, hat in einem Aufsatz gefragt »Wozu leben?« (1994, S. 28). Ich hatte dazu – durchaus subjektiv – folgenden Text beigesteuert, den ich hier den geschätzten Lesern nicht vorenthalten möchte:

»Sinnvoll ist es, etwas Gutes für einen anderen zu tun, mir täglich Zeit für mich selbst zu gönnen, einen ganz persönlichen Beitrag für die Gesellschaft zu leisten. Sinnvoll ist für mich auch: dort etwas wiedergutzumachen, wo ich versagt habe. Erst zu denken, dann zu handeln. Die Wahrheit zu erkennen, auch wenn es schwerfällt. Zu reden, wenn geredet werden muß. Zu schweigen, wenn sprechen verletzen würde. Zu warten, bis die Zeit reif ist, und zu fühlen, wenn denken stören würde.«

Liebe – Mehr als Sexualität

Wenn dir's im Kopf und Herzen schwirrt,
was kannst du besseres haben?
Wer nicht mehr liebt und nicht mehr irrt,
der lasse sich begraben. Goethe

Erste Annäherung

Das Thema Liebe beherrscht Literatur, Kunst und Musik. Was aber ist Liebe? Puritanische Menschen sehen sie als »dämonisch«, andere gar als »göttlich«, wieder andere als »rein zufällig« an. Für viele Menschen hat Liebe weniger mit Lust, vielmehr mit Qual und Leid zu tun. Liebe kann süchtig machen, den Menschen leidenschaftlich ergreifen. Dann spielen die Affekte die Hauptrolle im Geschehen.

Aber welche? Zuerst natürlich der kategoriale Affekt der Freude. Freudige Erregung – und hier kommt sofort der Körper mit ins Spiel – läßt uns das Herz höher schlagen. Freudige Erwartung läßt uns zittern vor Erregung, ehe die Geliebte oder der Geliebte endlich erscheint. Liebe verändert unser Denken, Fühlen, und zwar gleichermaßen seelisch und körperlich. Verliebt über beide Ohren oder »total verschossen«, denken wir an nichts anderes als den Geliebten, vernachlässigen das Essen, nehmen an Gewicht ab. Der Grundumsatz ist gesteigert. Ist aber der Geliebte unerreichbar, überfällt uns ein anderer kategorialer Affekt, nämlich Trauer und Schmerz. Ist der Geliebte mir womöglich untreu geworden und wendet sich – beliebtes Thema der Literatur und Kunst – einer anderen zu, erfaßt uns Eifersucht.

In der *Verliebtheit* geschieht etwas mit uns. Wir fallen in etwas hinein (to fall in love). Wir überlassen uns eher passiv einem Geschehen, das wir kaum zu steuern vermögen. *Liebe* dagegen ist eine Fähigkeit, eine Aktivität. *Leidenschaftliche Liebe* ist lang anhaltend, heftig, gleichermaßen von den kategorialen Affekten Freude und Trauer erfüllt. Liebesfreud' und Liebesleid liegen sehr nah beieinander. Auch Haß kann sich sehr leicht in die Liebe mischen. Liebe kann schlagartig darin umschlagen. Hat uns zum Beispiel – jetzt aus der männlichen Sicht – die Geliebte enttäuscht, können wir auch dann, wenn wir tagelang voller Freude erfüllt waren, schlagartig die Geliebte hassen, entwerten, zum Teufel wünschen.

Gelingt Liebe, dann überwiegt der Affekt der Freude, dann ist Sexualität eingeschlossen, dann sind Seele und Körper im Einklang. Wahre Liebe wartet nicht darauf, wieder geliebt zu werden, sie ist sich selbst genug, bereichert den Menschen und gibt seinem Leben Sinn.

Liebe ist lustvoll. Sie umfaßt gleichermaßen eigene Lust, wie die Lust an der Lust des anderen. Eine spezielle Freude in der Liebe ist die, daß ich mit meinem Lieben beim anderen etwas bewirke. Liebeslust strebt nach Verschmelzung mit dem anderen, nach Überschreiten von Grenzen der Moral, stellt sich leicht außerhalb der Gesellschaft, jenseits von Gut und Böse, wird leicht schamlos. Unbewußt ist Liebe immer auch ein Triumph über den ödipalen Rivalen; als Mann über den Vater, als Frau über die Mutter.

Neben den kategorialen Affekten sind auch die Vitalitätsaffekte in der Liebe beteiligt: Liebe auf den ersten Blick kann schlagartig einsetzen oder sich langsam, aber stetig entwickeln. Leidenschaftliche Liebe kann uns mit einem Schlag zu ungeahnten Handlungen hinreißen, sie kann sich aber auch langsam steigern, einem Höhepunkt nähern, abrupt abbrechen oder sanft ausschwingen. Annäherung und Wiederentfernen wiederholen die wichtige Phase der Wiederannäherung zwischen Kind und Mutter. Darauf folgen sich steigernde stakkatische Rhythmen, die beide Körper erfassen – bis hin zur Ekstase.

Sie ist eine Reaktion auf Reize, auf »Signale der Liebe« (Grammer 1993). Und doch entsteht sie in mir: Bin ich bei mir selbst, dann kann ich auch den anderen lieben. Umgekehrt gilt aber auch: Fühle ich mich vom anderen geliebt, dann kann ich am ehesten bei mit selbst sein.

Liebe ist immer eine Beziehung: Ich wende mich der anderen Person zu, signalisiere Interesse, schaue ihr in die Augen, bewege mich zu ihr hin, umarme und küsse sie.

Liebe steigert sich zur Hochform, wenn die Sexualität integriert ist; im Liebes-Akt, in der wechselseitigen Hingabe und in den wechselseitigen Fähigkeiten, dem anderen Liebes zu tun. Sexualität schließt Intimität ein; auch auf die Gefahr hin, dabei verletzt zu werden. Ich suche die Nähe, das Miteinander und Füreinander, will so sein, wie ich bin, aber auch aus mir herausgehen, die andere Person finden, wo sie ist, sie ebenso zu mir hinziehen, wie ich erwarte, daß sie mich zu sich hinzieht.

Erfüllte Liebe macht uns unendlich glücklich: Freude, Sexualität und Lust erfassen Seele und Körper. Um so größer ist der Schmerz unglücklicher Liebe, wenn uns der oder die andere verlassen hat, wenn wir uns getäuscht haben und folglich enttäuscht sind. Dann kann, wie oben schon gezeigt, sehr leicht der schreckliche kategoriale Affekt des Hasses und der Wut die Szene beherrschen; denken wir nur an Othello.

Liebe ist eine Dreiheit von Leidenschaft, Intimität und Verbindlichkeit. Sternberg und Barnes (1988) machen uns als Psychologen in wissenschaftlicher Weise klar, welche drei wesentlichen Komponenten das Lieben der Menschen charakterisieren. Da ist zunächst die Leidenschaft, Sexualität eingeschlossen. Als zweite Komponente sind Nähe und Intimität wichtig. Die Autoren fügen aber noch – vielleicht für manche überraschend – eine dritte Komponente hinzu, die sie englisch »commitment« nennen, was ich hier mit Verbindlichkeit übersetze, aber auch mit: Entschlossenheit, Verpflichtung, Engagement.

Sehen wir die drei genannten Komponenten als Eckpunkte eines Dreiecks, dann können wir uns räumlich vorstellen, wo wir uns in unserer Liebe gerade befinden; zum Beispiel nah der Leidenschaft und fern von Verbindlichkeit; nah der Intimität, zusammen mit einer die Sexualität einschließenden Leidenschaft, ebenfalls fern von Verbindlichkeit oder umgekehrt: fern von Leidenschaftlichkeit, aber nahe an Verbindlichkeit, mit oder ohne Intimität. Die vollendete Liebe scheint die zu sein, in der alle drei Komponenten gleichermaßen beteiligt sind, wenn wir uns sozusagen mitten im Dreieck befinden.

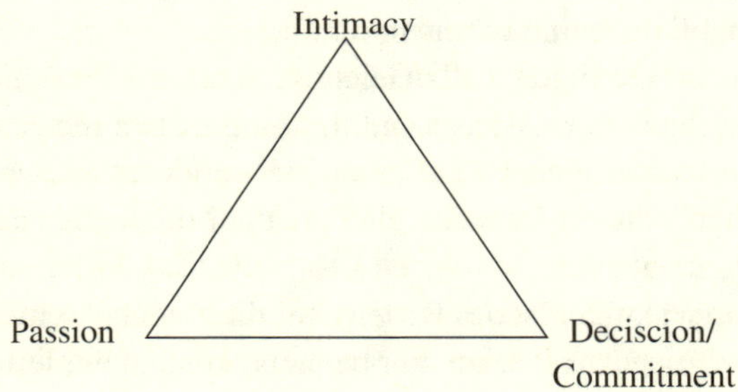

Abbildung 1: Die Liebe umfaßt im Liebesdreieck folgende drei Eckpunkte: 1. Passion = Leidenschaft, 2. Intimacy = Intimität einschließlich Zärtlichkeit und 3. Decision/Commitment = Entschluß und Verbindlichkeit.

Ich hoffe, damit deutlich gemacht zu haben, daß Liebe ein eminent komplexes Geschehen ist, das zahlreiche Affekte einschließt, die nie ohne körperliche Beteiligung ablaufen, die unser Denken massiv beeinflussen, ja selbst die Wahrnehmung verändern (wenn wir vor Liebe blind sind). Werden die Grenzen der Realitätswahrnehmung überschritten, dann landen wir im Liebeswahn. Nicht von ungefähr wirken für nüchterne Menschen total Verliebte, die nur sich selbst und den anderen in der Zweiheit suchen, seltsam verrückt. Wie uns Ariès, Bejin und Foucault (1984) aufklären, bilden Begehren und Liebe ein extremes Spannungsfeld, in das wir hineingeraten, getrieben von unseren Affekten.Ein Spannungsfeld ist es zudem deswegen, weil ständig auch äußere gesellschaftliche Mächte auf unser Denken,

Fühlen und Handeln einwirken: Tabus, Gesetze, Regeln, die wir verinnerlicht haben – psychoanalytisch im Über-Ich lokalisiert. Deswegen scheitern viele Menschen in der Liebe. Sie sabotieren unbewußt selbst ihr Glück oder meiden einfach das als gefährlich empfundene Spannungsfeld.

Hinter den häufigen Störungen des Liebens – Liebesstörungen – ist ein wichtiger kategorialer Affekt verborgen: Angst (Verlustangst, Verletzungsangst, Angst vor Selbstverlust). Scham- und Schuldgefühle können als weitere Affekte unser Liebesleben erheblich beeinträchtigen; nämlich dann, wenn wir uns vor einem überhöhten Ideal allzu leicht schämen oder uns angesichts eines strengen Gewissens schuldig fühlen; etwa die Frau einem anderen »ausgespannt« zu haben; in unbewußter Schicht: als Mann den Vater überrundet, als Frau die Mutter in den Schatten gestellt zu haben.

Um so wichtiger ist das Reden über die eigenen Schwierigkeiten. Wird eine Angst schon nur benannt, können wir lernen, konstruktiv mit ihr umzugehen. Wir können uns auch selbst analysieren, wobei uns vielleicht auffällt, daß sich bestimmte Muster wiederholen, etwa das, daß ich mich immer wieder an eine Partnerin annähere, dann aber ohne ersichtlichen äußeren Grund instinktiv wieder zurückweiche. Wir können lernen zu wagen, neue Beziehungen einzugehen, neue Erfahrungen zu machen. Auch körperliche Hemmungen können wir dadurch überwinden, daß wir sie anschauen und auf ihre Ursachen hin untersuchen. Wir können auch unsere womöglich reduzierte Sexualität und Sinnlichkeit daraufhin befragen, wovor wir Angst haben, die Gründe für die Ängste analysieren und sie dadurch erfolgreich überwinden.

Stendhals Deutung der Liebe

Die zweite Annäherung an das schwierige Thema überlasse ich dem Dichter. Stendhal unterscheidet in seinem Buch »Über die Liebe« (1822) sieben Phasen über ihre Entstehung. Liebe beginnt 1. mit Bewunderung. Es folgen 2. Wünsche, dem geliebten

Menschen nahe zu sein. Das 3. ist die Hoffnung, daß sich die Wünsche erfüllen. Aus Hoffnung wird 4. Bewunderung, verbunden mit starken Wünschen nach Nähe. Wichtig ist der 5. Schritt: die »Kristallisation«; das ist eine Art Verwandlung. Stendhal vergleicht sie mit dem »Salzburger Zweig«; das ist ein Zweig, den man in die Tiefen eines Salzbergwerks wirft und den man zwei oder drei Monate später wieder herausholt. Dann ist er mit glitzernden Kristallen überzogen, und den ursprünglichen Zweig kann man nicht mehr erkennen. Auf dieses Wunder folgt 6. eine Zwischenphase des Zweifels. Erst darauf kommt es 7. zum Wunder der »zweiten Kristallisation«. Sie leitet nach den bisherigen sechs Stufen der Verliebtheit die eigentliche Liebe ein.

Mit dem Bild der »Kristallisation« des Salzburger Zweigs ist Stendhal eine schöne Metapher gelungen. Sie paraphrasiert die physikalische Veränderung von flüssigem Wasser zu einem festen Eiskristall ebenso wie die Verwandlung des unstrukturierten Wassers in die Struktur wunderbarer Kristalle. Was damit gemeint ist, drückt der Dichter Hermann Hesse in seinem populären Gedicht »Stufen« poetisch aus: »Jedem Anfang wohnt ein Zauber inne.« Dieser Zauber charakterisiert vor allem die erste oder große Liebe. Wir »Zauberlehrlinge« interessieren uns natürlich dafür, welche geheimnisvollen Kräfte hinter Kristallisation und Zauber unbewußt am Werk sind.

Verborgene Momente

Was macht das Leidenschaftliche an der Leidenschaft aus? So habe ich mich in der Vorbereitung eines Vortrags für die Lindauer Psychotherapiewochen 1996 gefragt, und ich kam auf folgende Antworten:

Erstens: Das sogenannte Sexuelle spielt eine fundamentale Rolle. Es ist das triebhafte Moment, die treibende Kraft. Dabei handelt es sich um etwas elementar Dranghaftes, aber auch um ein kreatives Moment, das sich gleichermaßen in Homosexualität, Heterosexualität oder Perversion (Morgenthaler 1984) äußert. Das Aufregende daran ist, daß dabei, in konsequent psychoanalytischer Perspektive, unbewußt immer etwas von Inzest mitschwingt. Das heißt: Latent ist alle Sexualität eine verborgene Liebeserklärung an die geliebte Mutter; die erste große Liebe des Kindes.

Zweitens: Ein weiterer Grund für das Aufregende an der Leidenschaft ist der nötige Schuß Aggressivität. Im Märchen vom Froschkönig kommt das klar zum Ausdruck, wenn die Prinzessin den Frosch vor Wut an die Wand knallt. Das Aggressive enthält tief unbewußt sogar einen Mordimpuls, nämlich, ganz im Sinne von Ödipus, neben der Liebeserklärung an die Mutter die Kriegserklärung an den Vater: »Warte nur, ich tue das, was du tust. Ich nehme dir das weg, was du für dein Eigentum hältst. Ich nehme den Kampf mit dir auf!« Aggressivität wird dabei »in den Dienst der Liebe« gestellt (Kernberg 1994, S. 22).

Drittens: Ein weiteres aufregendes Moment in der Leidenschaftlichkeit liegt im Überschreiten von Verboten und Tabus. Die leidenschaftlichen Wünsche und Triebe rebellieren gegen Vernunft und herrschende Moral. Im Freudschen Strukturmodell setzt sich das Es gegenüber dem Über-Ich durch. Das macht die oft manische Stimmung der leidenschaftlich Liebenden aus. Die sonst herrschenden Grenzen der Scham werden bedenkenlos überschritten. Man dringt in den sonst sittsam verborgenen Intimbereich des anderen ein, überschreitet Grenzen, bricht Tabus. Ich sehe – in eher selbstpsychologischer Perspektive – auch noch eine weitere Komponente in jedem leidenschaftlichen Geschehen am Werk.

Viertens: Das Faszinierende am Objekt der Begierde kommt auch daher, weil es in selbstpsychologischer Perspektive im Grunde wie ein sogenanntes »Selbstobjekt« erlebt wird; als ein Objekt, das für unser Selbstgefühl von entscheidender Wichtigkeit ist. Im Märchen von der »Nixe im Teich« (Kast 1992, 1995) ist der Müller von der aus dem Wasser auftauchenden Nixe fasziniert. Er fühlt sich von ihr verzaubert. Dieselbe Geschichte passiert dem Ritter Hugo mit »Undine« in Lortzings gleichnamiger Zauberoper. Umgekehrt ist Undine durch die Liebe zu Hugo verzaubert. Das faszinierende Moment in der Leidenschaftlichkeit geht also jeweils vom unbekannten anderen aus, vom Objekt, das wir zwar einerseits als das Objekt der Begierde begehren, das aber auch uns begehrt. Für den Mann ist das Weibliche die große Unbekannte, das Fremde, das ebenso anziehend wie gefährlich erlebt wird. Der Homosexuelle meidet es, wenn er beim gleichen Geschlecht bleibt und sich nicht wie Odysseus den Gefahren der Sirenen, der Nausikaa oder der Circe aussetzt, wie Parsifal der Kundry oder Tannhäuser der Venus im Venusberg.

Fünftens: In der Leidenschaft steckt immer etwas Unbedingtes, etwas Entschiedenes: Zu diesem Punkt möchte ich kurz die Philosophie bemühen. Es geht um das »Entschiedene« im leidenschaftlichen Akt; ich wähle bewußt das Wort *Akt* und nicht Handlung. Damit ist etwas »Existentielles« gemeint, das Jaspers (1956) in seiner »Existenzphilosophie« für die »Grenzsituationen Kampf, Leiden, Schuld und Tod« beschrieben hat. Ich zähle unbedingt die Grenzsituation der Liebe hinzu. In leidenschaftlicher Liebe geht es um die ganze Existenz des Menschen. Dazu gehören nach Jaspers echte Kommunikation, Freiheit der Wahl und die Unbedingtheit von Situation, Bewußtsein und Handlung. Leidenschaftliche Liebe ist immer ein »qualitativer Sprung« (Kierkegaard 1960, S. 41) ins Ungewisse, nicht ohne den »Schwindel der Freiheit« (S. 57), nicht ohne existentielle Angst und nicht ohne Leiden, Schmerz und Schuld. Setzen wir uns aber der Angst aus, gehen wir verwandelt und bereichert daraus hervor. Insofern ist leidenschaftliche Liebe immer kreativ und innovativ. Sie schafft Neues, nie Dagewesenes.

Sechstens: Leidenschaft entbehrt nie eines gewissen illusionären Elements: Es ist die nie fehlende Idealisierung des geliebten Menschen. Das idealisierende Moment kann so stark werden, daß die Realitätsprüfung nicht mehr richtig funktioniert und sich Phantasie und Wirklichkeit unter Ausklammerung wichtiger realer Konstanten gefährlich mischen. In Grenzfällen, wie im Liebeswahn, sind Sehnsucht und Glaube wichtiger als die Erfüllung. Die idealisierende Komponente gehört aber zu jeder Leidenschaft. Die Illusion scheint dem Feuer des Sexuellen den Brennstoff zu liefern. Nimmt die idealisierende Komponente zu, dann lodert das Feuer lichterloh. War alles Illusion, dann war es ein Strohfeuer. Nimmt das Feuer mit Zeit und Alter ab, dann bleibt immer noch die stille Glut reifer Liebe.

Siebtens: Das Erregende an der Leidenschaft ist mit der Gefahr der unkontrollierten Regression verbunden. Diese Gefahr rührt aus unbewußten Tiefen. Sie ist im Symbol des Wassers, in dem man untergehen kann, überdeutlich. Leidenschaftlich Liebende verfallen leicht ihrer Leidenschaft, tauchen unter, entziehen sich dem sozialen Austausch. Sie vergessen die anderen Menschen und ihre Umwelt, ja sie vergessen sogar, selbst-vergessen in ihrer Leidenschaftlichkeit, sich selbst. Wie treffend sagt dies Goethe in seinem Gedicht »Der Fischer«:

»Das Wasser rauscht, das Wasser schwoll,
Sie sprach zu ihm, sie sang zu ihm;
Da war's um ihn geschehen:
Halb zog sie ihn, halb sank er hin,
Und ward nicht mehr geseh'n.«

Wichtige Voraussetzungen

Wenn Liebe schon so gefährlich sein kann, dann ist es gut, stabil in sich selbst zu ruhen. Das können wir, wenn folgende Voraussetzungen erfüllt sind.

Eine einigermaßen gelungene Mutter-Kind-Beziehung in der Kindheit: Das *Urmodell* der Liebe, unsere »erste Liebe« ist die des Kindes zur Mutter, und zwar bei beiden Geschlechtern, gefolgt von gelungener Separation und Individuation im Sinn von Margaret Mahler, Fred Pine und Anni Bergman (1980). Frühe Erfahrungen in der Mutter-Kind-Beziehung wirken sich auf das spätere sexuelle Verhalten aus: Ist die frühe Mutter-Kind-Beziehung hinreichend gut gewesen, hinsichtlich Einfühlungsfähigkeit und Zuwendung, dann wird sich dies im späteren sexuellen Verhalten günstig auswirken. Herrschen Traumatisierungen durch ein Zuviel an Reizen vor oder Defizite durch ein Zuwenig an notwendiger emotionaler Zufuhr, dann resultieren zwangsläufig Hemmungen, Unfähigkeiten, Ängste, Perversionen oder sexuelle Störungen.

Das Erreichen der *depressiven Position* nach Melanie Klein (1962). Sie besteht darin, daß ich ebenso in mir wie im anderen, neben guten Anteilen, böse und schlechte Anteile in meiner Persönlichkeit integriert habe. Damit ist die sogenannte schizoid-paranoide Position überwunden, in der ich die schlechten eigenen Anteile ebenso abspalte und projiziere wie die des anderen.

Eine dritte Voraussetzung sind hinlänglich *gelöste ödipale Konflikte* aus der Dreiecksbeziehung zwischen Vater, Mutter und Kind. Sie betreffen nicht nur die in klassisch ödipaler Sicht bekannten ödipalen Phantasien des Kindes, gerichtet auf Vater und Mutter, sondern auch Phantasien und Handlungen des Vaters und der Mutter gegenüber dem Kind. Dabei wirken sich Verführung, sexueller Mißbrauch und Gewalt besonders schädigend aus, hinterlassen Traumata, narzißtische Kränkungen, seelische Wunden, welche die leidenschaftliche Liebe erheblich beeinträchtigen können. Drohungen mit Strafe, Liebesverlust oder gar Objektverlust gegenüber sexueller Neugier und Aktivität tun ein übriges, um Sexualität und Liebe zu einem unerfreulichen Erlebnis mit Angst, Scham- und Schuldgefühlen zu machen.

Schädliche Einflüsse der Eltern können durch soziale Lernprozesse in Peer-group und Schule kompensiert werden. Dabei spielen die modernen Medien mit ihren direkten und indirekten Darstellungen von Sexualität und Gewalt eine nicht zu unterschätzende Rolle!

Eine vierte Voraussetzung ist die geglückte *Integration von Sexualität und Körperlichkeit.* Damit ist die positive Verbindung von Emotionalität und Körperlichkeit gemeint, die beide in der Psychoanalyse lange vernachlässigt wurden. Um leidenschaftlich lieben zu können, müssen wir unseren Körper gut kennen, erfordert es einen vertrauten Körper, der tut, was wir fühlen, und der fühlt, was wir tun.

Fünfte Voraussetzung ist ein hinlänglich *relativiertes Über-Ich*: Unsere Leidenschaftlichkeit sollte nicht mehr durch ein strenges Über-Ich mit seinen hohen Idealen und strengen Normen unaufhörlich beeinträchtigt, bestraft und verfolgt sein. Unser Über-Ich sollte vielmehr durch ein zwischen verinnerlichten Normen und eigenen Wertsetzungen abwägendes Ich ersetzt sein, das zwischen anerzogenen und selbstgesetzten Werten und Idealen relativiert, das Vorurteile durch eigene Urteile ersetzt, Projektionen in andere an der Realität überprüft und zurücknimmt.

Sechste Voraussetzung ist eine einigermaßen klare *männliche oder weibliche Geschlechtsidentität*. Dazu gehört, daß die von C. G. Jung (1928) beschriebenen bislang abgespaltenen gegengeschlechtlichen Anteile in die Persönlichkeit integriert sind (Schatten, Anima, Animus) und die Fähigkeit, die schon biologisch zwischen den Geschlechtern herrschende Spannung auszuhalten und gegenseitig zu nutzen (Reiche 1990).

Siebte Voraussetzung ist schließlich das Vorhandenseins eines *Selbstobjekts*. In selbstpsychologischer Perspektive ist ein Selbstobjekt ein für uns wichtiger Mensch, von dem wir wissen, daß er für uns da ist, sich für uns interessiert, der uns schätzt, achtet und liebt und der sich in uns einfühlen kann. Das Vorhandensein eines solchen Selbstobjekts ermöglicht es uns, ein kohärentes Selbst im Sinn von Kohut (1973, 1979) zu entwickeln und aufrechtzuerhalten, in dem wir uns wohl fühlen. Dieses wiederum befähigt uns, daß wir uns unsererseits in den geliebten anderen so einfühlen können, daß unvermeidliche Mißverständnisse in der Liebesbeziehung zumindest reduziert werden.

Liebe im Ablauf der Lebensphasen

Wir leben unser Leben in aufeinanderfolgenden Phasen, von denen jede eine Weiterentwicklung der vorhergehenden ist. Jeder dieser Phasen können wir eine besondere Qualität der leidenschaftlicher Liebe zuordnen. Dabei komme ich wieder – Zufall oder nicht? – auf sieben Phasen.

1. Der leidenschaftliche Säugling oder der leidenschaftliche Kampf ums Überleben

Es gibt nicht nur einen »kompetenten« Säugling (Dornes 1994), sondern auch einen leidenschaftlichen Säugling. Das ist ein Säugling, der lustvoll Brust und Mund genießt (orale Lust), im hohen Bogen schifft (urethrale Lust) und nicht nur seinen Haufen dann und dort hinmachen will (anale Lust), sondern der viel mehr will; vor allem neugierig die Welt auskundschaften und erobern (Exploration), Urheber sein von Wirkungen, spielerisch Kräfte messen und erproben und sich selbst behaupten. Welche Leidenschaft damit verbunden ist, zeigte ein Tonbandausschnitt, über den das urige Stöhnen eines leidenschaftlichen Säuglings beim Stillen zu hören war. Es verfehlte seine unmittelbare Wirkung beim staunenden Publikum ebensowenig wie schon bei früheren Gelegenheiten in Seminaren mit Studenten, von denen einige, ohne das Wissen um den Kontext »Säugling«, spontan an das Stöhnen im Liebsakt dachten.

2. Das leidenschaftliche Kind oder spielerische Leidenschaft

Gemeint ist hier das spielende Kind. Es erobert die Welt, entwickelt ein Gefühl dafür, etwas zu bewirken. Dazu gehören natürlich auch sexuelle Triebe, im Doktorspiel das eigene und das andere Geschlecht kennenzulernen, spielerisch zu erproben, was später (bitterer) Ernst wird.

3. Der leidenschaftliche Jugendliche oder das Sexuelle in der Leidenschaft

Dem Jugendlichen widerfährt im »Frühlingserwachen« die Leidenschaft der »großen Liebe«. Auch wenn die Fähigkeit zum Lieben noch unterentwickelt ist, so ist doch die Sexualität die treibende Kraft, vermischt mit Eroberungslust und Besitzstreben (traditionell eher stärker ausgeprägt bei Männern), aber auch mit Sehnsucht und Hingabe und dem Wunsch, jemandem ganz zu gehören (traditionell eher bei Frauen stärker ausgeprägt).

Die Begierde als solche ist die steuernde Kraft, das Objekt der Begierde sorgt für die nötigen Reize. Das Sexuelle beherrscht Denken und Fühlen. Es kann, noch ohne die Verantwortung des Erwachsenenalters, spielerisch gleichsam »im Sandkasten der Liebe« erprobt und improvisiert werden. Hier hat die Freudsche Triebtheorie auch heute noch ihren Platz.

4. Leidenschaft im frühen Erwachsenenalter und ihre Gefahren
Wir leben in einer stabilen Partnerschaft, haben womöglich Kinder, sind an deren Erziehung beteiligt. Verantwortung, Pflichten und Verbindlichkeit stehen im Vordergrund. Leidenschaft, Sexualität und vielleicht auch Intimität sind eher in den Hintergrund getreten. Berufliche Interessen dominieren. Langeweile, Apathie und Gleichgültigkeit können aufkommen. Dies sind, zusammengenommen, ernste Gefahren für die Liebe in einer Partnerschaft.

Dazu kommen unbewußte Ursachen für Störungen der im frühen Erwachsenenalter blühenden Liebe. Bislang latent gebliebene Übertragungen aus der Vergangenheit können nämlich unsere gegenwärtige Beziehung empfindlich beeinträchtigen. Wir können, als Mann, nach und nach unsere Frau unbewußt wieder wie die Mutter erleben, auf einen eher kindlichen Zustand zurückfallen und unbewußt wünschen, von der Frau so umsorgt zu werden, wie früher von einer guten Mutter. Umgekehrt können wir als Frau unseren Partner unwillkürlich in einer Vater-Position erleben, oder wir haben ihn womöglich unbewußt in diese Rolle selbst hineinmanövriert. Jetzt soll der Partner das erfüllen, was wir als Tochter vom Vater womöglich vergeblich erwartet hatten. Derartige Übertragungen laufen oft so unbewußt ab, daß sie kaum ohne psychoanalytische Unterstützung überwunden werden können.

Eine weitere Gefahr für die Liebe im früheren Erwachsenenalter liegt darin, daß die unbewußten Übertragungen zu einer zunehmenden Unzufriedenheit in der bisherigen Partnerbeziehung führen. Dann neigen Männer ebenso wie Frauen zu Seitensprüngen, weil sie in der Verbindung mit einer anderen Person die beim vertrauten Partner zunehmend vermißte Erfüllung erhoffen. Oft gelingt das auch, denn die außerpartnerschaftliche Liebe läßt wieder das Gefühl der ewig jungen Liebe aufleben. Derartige Dreiecksbeziehungen erfordern eine beachtliche Umsichtigkeit. Die damit unweigerlich verbundenen Heimlichkeiten erzeugen eine erhöhte Anspannung. Außerpartnerschaftliche Beziehungen sind ihrerseits dann gefährdet, wenn der Außenpartner seinerseits gebunden ist und der aus der vertrauten Partnerbeziehung ausbrechende den neuen Geliebten oder die neue Geliebte mit einem anderen teilen muß, was zwangsläufig mit Demütigungen und Kränkungen verbunden ist. Wie wir in vielen Romanen lesen können, sind derartige Außenbeziehungen oft außerordentlich beglückend, denken wir nur an Madame Bovary, an Anna Karenina oder an Effi Briest. Dieselbe Literatur zeigt uns aber auch die damit unvermeidlich verbundenen Schmerzen und Leiden wie auch ein Scheitern.

Für die Liebe im frühen Erwachsenenalter scheint es wichtig, die im Zusammenleben unvermeidlichen Konflikte wahrzunehmen, Lösungen zu suchen oder sie auch auszuhalten. Ich habe den Eindruck, daß diese Fähigkeit in vielen Partnerschaften heute unterentwickelt ist. Man sucht die Erfüllung beim nächsten Partner, ohne sich anzuschauen, weshalb es in der vorausgegangenen Beziehung zu Konflikten gekommen ist und was man selbst dazu beigetragen hat.

5. Liebe im mittleren Erwachsenenalter oder ungeahnte Chancen

Die Liebe im mittleren Erwachsenenalter kann sich in zwei Richtungen weiterentwickeln, und zwar durch Vertiefung und Erweiterung. Die *Vertiefung* bezieht sich auf unser Affekterleben. Sie führt zu vertiefter Leidenschaftlichkeit, zu Begeisterung, zu mehr Engagement für einen leidenschaftlichen Dialog. Dabei kommt es darauf an, die Affekte zuzulassen und sie sich auch bewußt zu machen. Die *Erweiterung* zielt auf den Ausbau unseres Beziehungserlebens. Wir suchen nach einem verständnisvollen anderen, haben aber auch Angst davor. Die Beziehung ist das Ziel, nicht die Befriedigung.

6. Liebe im späteren Erwachsenenalter oder Liebe als Frucht der Reife

Reife wird möglich, wenn wir bei uns selbst nachschauen, wie wir Liebe erleben: in uns ruhend, selbstsicher, abgeklärt. Unerfreuliches ist nicht mehr so wichtig. Erfreuliches wird eher geschätzt als früher. Die Ansprüche an sich und an den anderen sind nicht mehr so hoch. Beruhigung kehrt ein.

7. Die Wiederbelebung der Jugendliebe im Alter oder späte Integration bislang abgespaltener Lebensbereiche

Daß im Alter häufig die Jugend wiederbelebt wird, wissen die Älteren aus eigener Erfahrung und die Jüngeren aus der Literatur, denken wir zum Beispiel an Goethes späte drei leidenschaftlichen Lieben zu Marianne Willemer in Frankfurt, zum jungen Fräulein Ulrike von Levetzow in Marienbad und zu der russischen Pianistin Maria Szymanowska. Da ich nunmehr selbst zu den Älteren zähle, möchte ich den geneigten Leserinnen und Lesern zur Auflockerung und zur Illustrierung der Wiederbelebung der Jugend im Alter zwei Anekdoten nicht vorenthalten – eine traurige und eine lustige.

Zuerst die traurige: Auf dem Fest zu meinem 65. Geburtstag erwähnt eine Altersgenossin in Erinnerung an eine gemeinsame Freundin aus der Jugendzeit, die im Alter von 20 Jahren an einem Hirntumor starb: »Sie hatte dich aber schon sehr gern.« Dieser Satz löste in mir eine Flut von Affekten aus: Trauer über den frühen Verlust, Wut über versäumte Gelegenheiten und eine späte, aber heftige Liebe. Ich suchte ihr Grab auf, ihre letzte Wohnung und nahm in »nachgetragener Liebe« (Peter Härtling 1980) Abschied von ihr.

Jetzt die lustige: 1942 waren ganze Schulklassen aus den zunehmend bombardierten Großstädten in abgelegene Kleinstädte verschickt worden. Ein Mädchen wurde auch in meinem Elternhaus einquartiert. Ich freundete mich sofort mit ihr an, was meiner strengen Mutter gar nicht gefiel. Sie ruhte nicht eher, bis das lustige Mädchen wieder aus dem Haus war. Das reizte mich natürlich erst recht: Ich traf mich heimlich mit ihr und schrieb später sogar Briefe, die sie gern erwiderte und die mich über eine Deckadresse auch erreichten. Das ging so lange gut, bis meine jüngere Schwester die gut versteckten Briefe entdeckte und sie triumphierend der Mutter vorhielt. Diese verbot darauf dem eigenwilligen Sohn zornentbrannt jeden weiteren Kontakt und erreichte sogar, daß auch die Mutter des Mädchens diesem untersagte, weiter zu schreiben.

Nach über 50 Jahren trafen sich die beiden Akteure dieser Jugendliebe nicht ganz zufällig: Ich nutzte die Gelegenheit eines

Kongresses in der Stadt, in der das Mädchen früher wohnte, und fand ihre Telefonnummer heraus. Mit Herzklopfen wählte ich die Nummer, in der festen Erwartung, den Ehemann anzutreffen. Ich hatte mir schon ein entsprechendes Sprüchlein zurechtgelegt. Es war aber ihre Schwester, die mir sagte, meine frühere Freundin sei geschieden und würde sich sicher sehr freuen, wenn ich mich melden würde. Daraus wurde noch am selben Tag ein spontanes Treffen mit lebendigen Gesprächen bis spät in die Nacht. Sie sagte: »Das war Mutters Triumph, daß sie uns auseinanderbrachte!« Dieser Satz des wirklichen Menschen vor mir bewirkte, nebenbei gesagt, mehr Einsicht in die realen Verhältnisse meiner Jugend als hundert kluge Deutungen des Psychoanalytikers. Noch heute treffen wir uns und lachen über die so viel bewegende erste Liebe.

Nach einem Vortrag über »Leidenschaftliche Liebe im Lebenszyklus« bestätigten mir viele Ältere, daß sie sich nach ähnlichen Erfahrungen wie neugeborenen fühlten.

Die Kunst des Liebens

Lieben ist ein vielschichtiges aktives Geschehen, in das viele Funktionen eingehen und bei dem, wie wir oben sahen, mehrere Affekte beteiligt sind. Hier möchte ich noch einmal auf den Beziehungsaspekt abheben. Wir nähern uns der Kunst des Liebens, wie sie Erich Fromm (1956) in seinem viel verbreiteten Buch beschrieben hat, wenn wir bestimmte Fähigkeiten oder Fertigkeiten entwickelt haben.

Die Fähigkeit der *Einfühlung* in die Bedürfnisse, Ängste und Abwehrbemühungen des anderen. Voraussetzung dazu ist das Wahrnehmen unbewußter Prozesse im anderen. Das bedeutet eine besondere Wahrnehmungsfähigkeit gegenüber unbewußten Prozessen, wie sie im anderen ablaufen, sowie eine besondere Fähigkeit, auf unbewußte Angebote, Bedürfnisse, Affekte des anderen in optimaler Resonanzfähigkeit zu reagieren.

Die Fähigkeit zur *Spiegelung*. Sie besteht darin, die elementaren Bedürfnisse nach Einfühlung einer anderen Person nicht nur im ersten Schritt zu erfassen und im zweiten Schritt darauf gefühlsmäßig zu reagieren, sondern sie im dritten Schritt dem anderen gegenüber zurückzugeben oder zurückzuspiegeln. Es gibt viele Menschen, die in ihrer Kindheit und Jugend derartige Spiegelungserfahrungen vermißt haben. Sie erwarten dann, wiederum enttäuscht zu werden, und erfahren es im allgemeinen als eine große Genugtuung, wenn ihre elementaren Bedürfnissen endlich ernst genommen und richtig verstanden werden.

Die Fähigkeit, die berechtigten *Bedürfnisse nach Idealisierung* zu befriedigen. Dann respektieren wir die Ideale eines Menschen als etwas Wertvolles. Wir haben Verständnis dafür, wenn sie in der Realität nicht verwirklicht sind und für den Schmerz, wenn sie unerfüllt bleiben.

Affekt und Musik – Ausdruck und Eindruck

Denn das Schöne ist nichts als des Schrecklichen Anfang, den wir gerade noch ertragen, und wir bewundern es so, weil es gelassen verschmäht, uns zu zerstören.
Rilke, *Duineser Elegien*

Musizieren und Musikhören

Ich möchte nicht mit Musikwissenschaftlern konkurrieren, auch nicht mit psychoanalytischen Autoren wie Haesler (1997), der interessante psychoanalytische Aspekte zur Musik beisteuerte, sondern mich ganz auf die Bereiche Affekt, Körper und Musik konzentrieren.

»Während das gesprochene Wort im Drama den bewußten Intellekt zur Erfassung eines Tatbestandes erreicht, dringt die Musik tiefer in die Sphären des Unbewußten ein und rührt dort Saiten an, die dem verstandesmäßigen Begreifen entzogen und dem seelischen Bereich zugehörig sind. Es ist daher außerordentlich schwierig, das psychologische Geschehen im Menschen exakt zu erfassen, weil es sich ständig in Grenzgebieten zwischen Bewußtem und Unbewußtem, zwischen Geist und Psyche, zwischen Erkennen und Erleben befindet« (Hoesch 1979, S. 1080).

Musik setzt dort ein, wo die Sprache aufhört. Wittgenstein sagt: »Worüber man nicht sprechen kann, darüber soll man schweigen« – ich ergänze: oder einen musikalischen Ausdruck suchen. Beispiele finden wir im Gesang der Ophelia in Shakespeares »Hamlet«, in Richard Wagners Oper »Tristan und Isolde« im Übergang vom 2. zum 3. Akt.

Daß Musik machen und hören mit Affekten zu tun hat, wird niemand bestreiten. Dazu kommen natürlich hochkomplexe kognitive Prozesse wie Phantasien und körperlich-physiologische Abläufe.

Ich möchte auch keinen Beitrag zur Musikgeschichte, -pädagogik, -psychologie oder -soziologie leisten. Meine Perspektive ist durchaus psychoanalytisch, wenn auch begrenzt auf die Rolle der Affekte einschließlich ihrer körperlichen Dimension, und zwar sowohl im Hinblick auf die kategorialen als auch die Vitalitätsaffekte.

Aktives Musizieren wie aktives Musikhören spiegelt unsere jeweiligen affektiven Zustände wider. Schon der Komponist schafft aus einem affektiven Geschehen heraus:

Der kategoriale Affekt *Freude* belebt den Freudentanz oder Beethovens »Freude, schöner Götterfunken«. Schlichte Tanzlieder, wie das berühmte »Sur le Pont d'Avignon« drücken volkstümliche Freude aus mit Lust an Frohsinn und Rhythmus. Die Freude kann sich bis zum exstatischen Tanz steigern, wenn der Körper intensiv mittanzt aus Lust an der Bewegung, mit klatschenden Händen, im Stakkato des Rhythmus, im irregulären Fünfvierteltakt. Die körperliche Dimension zeigt sich im Stampfen der Füße, einzeln, gesteigert in der Gruppe in der gemeinsamen Regression auf ein archaisches Geschehen.

Daß selbst die sonst so strenge Kirchenmusik vitale Freude in ursprünglicher Weise ausdrücken kann, zeigt die vielleicht einigen bekannte Missa Luba; vor allem im Sanctus, das, begleitet vom afrikanischen Rhythmus der Trommel, verhalten beginnt und sich im »Hosianna« im vital singenden Frauenchor zu einem Freudentaumel in den höchsten Tönen aufschwingt, um sanft auszuklingen.

Der kategoriale Affekt *Wut* zeigt sich zum Beispiel recht hübsch in Beethovens »Wut über den verlorenen Groschen«, viel tragischer dann in Strawinskys »Le sacre du printemps«, dessen brutale Aggressivität besonders in der Interpretation Leonard Bernsteins zum Ausdruck kommt.

Wut zeigt sich aber auch in den bekannten Koloraturen der Königin der Nacht in Mozarts »Zauberflöte«, wo es heißt: »der Hölle Rache kocht in meinem Herzen. Tod und Verzweiflung. So bist du meine Tochter nimmermehr« oder in Richard Strauss' »Elektra« in der besonders der Haß Elektras auf die Mutter Klytämnestra musikalisch zum Ausdruck kommt; verhalten in der Liebesarie für Agamemnon, ungebremst und unheimlich in den Passagen, während denen Orest die Mutter tötet, und im Schlußtanz der Elektra.

In der sogenannten Beatmusik zeigt sich die Wut schon in der Bezeichnung dieser Musikkategorie, denn »to beat« heißt schlagen. Sowohl im Musizieren als auch im Tanzen lassen sich Wutaffekt und Körperbewegung schwerlich trennen.

In der Rockmusik, zum Beispiel in dem Film »Saat der Gewalt«, drückt sich die sonst unterdrückte Wut der jüngeren Generation gegen die Zwänge der Gesellschaft ungebrochen aus. Der Aggressionsüberschuß der Jugendlichen zeigt sich in der Befreiung über bürgerliche Normen und Verbote im Protest dagegen, etwa im Lied »We shall overcome« oder aber in der Flucht aus der Gesellschaft in die Skepsis wie bei Bob Dylans »The answer is blowing in the wind«. Doch während die einen im Protest massiv die Gesellschaft verändern wollen, mit einer ausdrücklich politischen Botschaft wie zum Beispiel von den »Fugs« mit »Kill for peace«, plädieren die anderen für »make love not war« wie in Bob Dylans Hit »Mr. Tambourine Man« oder in »Born to be wild« von der Musikgruppe »Steppenwolf«.

Ein weiterer kategorialer Affekt wird in der Musik besonders deutlich, nämlich die *Trauer*. Nach dem Verlust eines Menschen singen wir traurige Lieder. Verlust und Untergang zeigt sich auch im zweiten Satz der »Eroica« Beethovens, sehr theatralisch in Richard Wagners Trauermarsch in der »Götterdämmerung« oder im Trauermarsch des ersten Satzes der 5. Sinfonie Gustav Mahlers; gemessenen Schrittes drückt sich die Totenklage in düsterer Stimmung aus.

Häufig finden wir aber im musikalischen Geschehen neben der Freude in der einen Stimme die Trauer verborgen in der begleitenden Stimme; neben dem freudigen Rhythmus einer aufsteigenden Bewegung die verborgene Trauer im stockenden Ablauf einer absteigenden Bewegung. In Mozarts »Don Giovanni« mischen sich in die siegreichen Töne bei der erfolgreichen Verführung der Frauen bald düstere, unheimlich wirkende Klänge, die das drohende Unheil nach dem Erscheinen des Komturs ankündigen. Bei Franz Schubert überwiegt die traurige Stimmung; selbst seine volkstümlich klingenden Tänze entbehren vielfach nicht der Trauer zum Beispiel in den »Valses sentimentales«.

Ein schönes Beispiel für Versuche, Trauer, Kummer, Sorge und Gram zu bewältigen, finden wir im Blues; musikalisch eindringlich ausgedrückt in den gleichstufigen sieben Tönen der afrikanischen Tonleiter mit der typischen »Blue note« des Es in der Terz von C und E. Dabei fördern die wiederholenden Baßklänge der Trommeln regressive Zustände von Trance oder Ekstase; im Extrem bei Jimi Hendrix oder Janis Joplin »Burried alive in the Blues« oder in Jim Morrisons »The End.«

Wenn ich die Überlegungen zu Affekt und Musik weiterführe, gelange ich mühelos zu folgenden Thesen:

Musik belebt regressiv *Affektzustände aus frühester Kindheit*, denn die Sprache der Musik ist genauso wie die des Säuglings averbal, verläuft über den akustischen Kanal und schließt körperliche Aspekte ein. Musik reaktiviert längst überwunden geglaubte frühere Affektzustände und gestattet auch deren partielle Abfuhr. Das ist ein Grund dafür, daß Musik machen wie hören häufig eine wohltuende, entspannende Wirkung hat.

Musik belebt regressiv *frühere Interaktionsmuster*, besonders die zwischen Mutter und Kleinkind, aber natürlich auch die zwischen Kleinkind und Vater. Der Musikant zeugt, gestaltet, drückt aus und spendet etwas, indem er andere an seinem Musizieren teilnehmen läßt. Der Hörer gibt sich der Musik hin, nimmt die Töne auf, schwelgt womöglich darin. Die Analogie zwischen den Interaktionen während des Musizierens und Musikhörens einerseits und der frühen Mutter-Kind-Beziehung andererseits ist frappierend. Verschiedene Psychoanalytiker haben zu deren Verständnis beigetragen, zum Beispiel Winnicott (1976a), wenn er von dem Zwischenreich des Übergangsraums spricht, in dem Wirklichkeit und Phantasie noch ungetrennt sind; Melanie Klein (1962), wenn sie unsere unbewußten Phantasien im Hinblick auf inhärente zerstörerische Prozesse beschreibt, die wiedergutgemacht sein wollen; Heinz Kohut (1973), wenn er auf die Wichtigkeit der Einfühlung in sich selbst und in den anderen hinweist und auf unsere relative Abhängigkeit von wohlwollenden Mitmenschen. Musik kann die Rolle eines solchen wohlwollenden Mitmenschen einnehmen, uns etwas geben, uns aufbauen, trösten.

Musik folgt wie alle zwischenmenschlichen Beziehungen einer Mischung von *Wünschen und Abwehr* dagegen. In der Musik drückt sich eine direkte Botschaft aus, aber auch eine indirekte, verborgene.

Musik kann unser *Selbstgefühl* fördern: Fühlten wir uns vorher nicht »gut drauf«, kommen wir schon während des Hörens von Musik langsam zu uns und können uns danach wieder richtig wohl fühlen.

Der *Körper* ist beim Musizieren direkt beteiligt: Der Pauker haut auf die Pauke, die Streicher streichen die Saiten, zupfen sie im pizzicato. Auch der Klavierspieler kann zärtlich über die Tasten streichen oder wie wild auf sie einhauen. Die Bläser können einem den Marsch blasen. Man kann mit Pauken und Trompeten durchfallen oder auch seinen Sieg feiern.

Die Beteiligung des Körpers ist natürlich beim aktiven Musizieren viel elementarer. Da kann das Instrument wie in Süßkinds »Kontrabaß« die Funktion einer Geliebten annehmen. Beim Hörer ist dagegen die körperliche Beteiligung eher verhalten; wie leider auch bei vielen klassisch spielenden Orchestermusikern. Immerhin kann man mit dem Körper leicht mitschwingen, mit dem Fuß den Takt mitvollziehen. Es kann auch geschehen, daß die Vibration eines starken Schlagwerks den Hörer unmittelbar im Bauch, in seiner tiefen Sensibilität anregt, daß man wie bei Orffs »Carmina burana« mitvibriert oder daß einem vor affektiver Rührung ein Schauder über den Rücken läuft.

Die oben schon vielfach beschriebenen *Vitalitätsaffekte* spielen im Musizieren wie beim Musikhören eine große Rolle: in der Art und Weise, wie wir Musizieren und die Musik aufnehmen – anschwellend und abklingend, brutal unterbrechend oder mit sanften Übergängen, rhythmisch oder arhythmisch, mit oder ohne Synkopen in sich steigerndem Tempo, wie im »Kolo« der jugoslawischer Folklore, langsam und tragend und dann immer schneller sich steigernd, wie im ungarischen Csardas. Im Anfang war der Rhythmus: schnell oder langsam, in welchem Takt auch immer, mit oder ohne Pause, Crescendo oder Decrescendo, akzentuiert oder Legato. Die Musik bietet in ihrer ungeheuren Vielfalt zahlreiche Möglichkeiten, Vitalitätsaffekte auszudrükken und aufzunehmen. Sie verlaufen meistens im gleichen akustischen Kanal, wenn auf der einen Seite Klänge erzeugt und auf der anderen Seite aufgenommen werden. Sie kann aber auch kreuz-modal erfolgen, wenn wir auf einen plötzlichen Ton wie beispielsweise in Haydns berühmter »Sinfonie mit dem Paukenschlag« plötzlich körperlich aufschrecken. Die moderne Popmusik ist derart gemacht, daß sie das körperliche Mitreagieren geradezu provoziert; mit dem Klatschen in die Hände, mit dem körperlichen Mitschwingen im Tanz. Das Ostinato des Basses mag dabei tief unbewußt daran rühren, wie wir einst als Fötus den Herzschlag der Mutter empfunden haben. Die von einer bestimmten Subpopulation junger Menschen geliebte Technomusik enthält wahrscheinlich die stärkste Provokation zur Körperbewegung, wie die Love-Paraden mit ihrer kollektiven Regression deutlich zeigen.

Musik kann uns affektiv so anrühren, daß wir die Kontrolle über uns selbst zu verlieren drohen. Dann entsteht Angst vor *Kontrollverlust, Angst vor Verschmelzung*, ja Angst vor *Selbstverlust.* Nicht von ungefähr meiden unmusikalische Menschen den Bereich der Musik, weil sie unbewußt Angst haben, dadurch an unangenehme Affekte erinnert zu werden.

Daß Musik auch indirekt *Sexualität* ausdrücken kann, wurde schon im Kapitel über Sexualität erwähnt. Ravels »Bolero« ist ein sinnfälliges Beispiel dafür. Wie selbst eine unheimlich anmutende perverse Handlung wie Salomés Umgang mit Johannes, Sexualität *und* Liebe zum Ausdruck bringen kann, zeigt Richard Strauss' Vertonung: In der Szene mit dem Kuß deutet das Schwirren der Flöten in hohen Tonlagen die unheimliche Stimmung an, das darauffolgende Schwelgen des vollen Orchesters in wohlklingenden Tönen den Triumph der Liebe im ekstatischen Rausch, gefolgt vom brutalen Einbruch der Realität mit Herodes' Befehl, Salomé zu töten.

Abschließend möchte ich noch auf die *Musiktherapie* hinweisen. Wenn Musik derart viel mit Affekten und Körper zu tun hat, nimmt es nicht Wunder, daß sowohl das aktive Musizieren wie auch das bewußte Musikhören für therapeutische Zwecke genutzt wurde. In ihren Affekten gestörte Menschen können über bestimmte Musikinstrumente wieder Zugang zu ihren Affekten finden. Sie können sich im vorsichtigen Berühren des Fells der Trommel langsam dem Instrument nähern und ihre Ängste vor Berührung überwinden, ihre unterdrückte Wut im sich langsam steigernden Schlagen des Beckens äußern, im zunehmend sicheren Singen ihr angeschlagenes Selbstbewußtsein stärken, ihre Kontaktängste im vorsichtigen Kommunizieren mit der Musiktherapeutin bewältigen. Insbesondere gestörte averbale Interaktionsmuster werden unbewußt reaktiviert und können im nachhinein bearbeitet, korrigiert und ins affektiv-körperliche Erleben und Handeln integriert werden.

Freude, Schmerz und Lähmung beim Musizieren

Daß das kombiniert affektiv-körperliche Geschehen beim Musizieren auch Schmerz bereiten und zu Lähmung führen kann, zeigt die Psychoanalyse einer Violinspielerin, die ich hier nicht vorenthalten möchte, denn darin wird deutlich, wie sich die latente Aggressivität und Sexualität positiv oder negativ auswirken kann (Kutter 1999).

Sexuelle und aggressive Lust spielen auch beim Musizieren untergründig eine wesentliche Rolle, wenn auch in sublimierter Form. Das Sexuelle zeigt sich besonders bei sich langsam steigernden erregten Passagen, in denen eine zunehmende Spannung bis hin zu einer Art Klimax oder Höhepunkt führt, um sich danach gleichsam selig zu verströmen. Aggressive Spannung drückt sich in den musikalischen Vortragsweisen des staccato, sforzato, fortissimo aus. Das Spielen eines Musikstücks erscheint in psychoanalytischer Sicht sogar als verkappte Form eines sexuellen Akts, das Vorführen als exhibitionistischer Akt. Die latente Aggressivität wird daran manifest, wenn der Musiker auftritt, sich durchsetzt, sich behauptet und beim Spielen »alle Register zieht«.

Der Akt des Musizierens wird in voller fachlicher Kompetenz vorbereitet, durchgeführt und vorgeführt. Alle verfügbaren sexuellen und aggressiven Ressourcen werden mobilisiert; verbunden mit dem kategorialen Affekt der Freude, die sich auch dem Publikum mitteilt, wenn sie mit der nötigen Ausstrahlung vonstatten geht. Die akustischen und optischen »Voyeure« freuen sich dann so, wie der musizierende »Exhibitionist« sich bei seiner »Performance« freut.

Aber, wie eingangs angekündigt, Musizieren kann auch Schmerz bereiten: Wer sich mit Schopenhauer, Nietzsche und Richard Wagner beschäftigt, weiß, daß sich Lust und Schmerz sehr nahe sind. In psychoanalytischer Sicht entsteht Schmerz aus äußeren und inneren Konflikten, die aus unbewußten Kräften gespeist sind. Die eine Seite der im Konflikt beteiligten Kräfte will Lust und Freude im Akt des Musizierens. Die andere erhebt Einspruch: Es ist verboten, Sexuelles ins Musizieren zu bringen, das gehört sich nicht! Verkappte sexuelle und aggressive Wünsche einerseits, Moral und Gewissen andererseits stehen im Konflikt.

Eine 25jährige Musikstudentin mit dem Hauptfach Violine macht sich mit Freude an die Sonate A-Dur, opus 47, die »Kreutzer-Sonate« von Beethoven, die sie über alles liebt und schätzt. Da stellen sich beim Spielen Krämpfe und Lähmungen ein; die rechte Hand funktioniert nicht so, wie sie sollte. Zeigefinger und kleiner Finger sind einmal verkrampft, ein anderes Mal fast gelähmt, halten den Bogen entweder mit zu großer oder viel zu wenig Spannung. Die Balance fehlt, besonders bei den vielen Akkorden über vier Saiten wie auch schon in der Einleitung der mehrstimmig geführten Violine. Die wuchtigen, kraftvollen, geradezu vor Energie explodierende Passagen des a-moll-Presto des ersten Satzes machen unserer Spielerin, im »jähen chromatischen Anstieg des Kopfthemas« und in ihrer »weit ausholenden Steigerung« und im »kräftigen Stretta« des Schlusses ebenso technische Schwierigkeiten wie das »aggressive rhythmische Motiv« und der »stürmische Schwung« des A-Dur-Presto-Finales (Renner 1980, S. 307f.). Die eher zärtliche Gefühle weckenden singenden melodiösen Teile des Andante con Variazioni bereiten ihr dagegen keinerlei Probleme.

Die Diagnosen mehrerer konsultierter Ärzte lauten »Muskelüberlastungschaden« oder »fokale Dystonie«. Rechte Hand und Unterarm kommen in Gips. Die Folge sind Depression und Angstzustände im Hinblick auf das ganze Leben, besonders aber angesichts der durch die Erkrankung existentiell bedrohten musikalischen Karriere.

Die erfolglosen ärztlichen Maßnahmen führen die geplagte Violinspielerin schließlich in die psychotherapeutische Praxis. Sie ist selbst interessiert, die seelischen Hintergründe ihrer musikalischen Behinderung zu ergründen.

Die Psychoanalyse deckt zuerst zahlreiche aktuelle Konflikte an der Musikhochschule auf, in die sie sich verstrickt fühlt: Enttäuscht von einem bewunderten Lehrer, der sie verlassen hat, fühlt sich die junge Musikerin in der Beziehung zu einem anderen Lehrer hoffnungslos unterlegen. Einzige Stütze ist eine von ihr sehr geschätzte, aber nicht allgemein anerkannte jüngere Lehrbeauftragte. Sie empfindet die Konkurrenz der einzelnen Lehrer untereinander als besonders bedrohlich, wenn sie sich vom einen Lehrer gegenüber dem anderen ausgespielt vorkommt.

Im weiteren Verlauf der Analyse stellen sich die aktuellen Konflikte an der Musikhochschule als wiederinszenierte und reaktivierte unbewußte Konflikte aus der Kindheit zwischen Kind, Vater und Mutter heraus: Im unbewußten Erleben ist der Vater einerseits der ersehnte Helfer, von dem sich die Heranwachsende enttäuscht verlassen fühlt (der eine Lehrer), andererseits der gefürchtete Rivale, dem gegenüber sie sich unterlegen fühlt (der andere Lehrer), während die geliebte Lehrbeauftragte unbewußt die schützende und verstehende Mutter repräsentiert. Wie Elektra ist die Patientin inzestuös an den Vater Agamemnon gebunden. In Träumen umarmen und küssen sich Vater und Tochter ohne Wissen der Mutter Klytämnestra.

Die psychoanalytische Deutung der von Krämpfen und Lähmung abwechslungsweise betroffenen Hand erweist sich in mehrfacher Hinsicht als außerordentlich aufschlußreich:

Erstens ist die Hand unbewußt ein Symbol für eine gewünschte, aber verbotene sexuelle Beziehung zu einem Mann.

Zweitens ist die Hand unbewußt das Mittel, mit deren Bewegung am Genitale die von der Mutter verbotene Onanie ausgeführt wird. Auf dieser Ebene stören gleichermaßen lustvolle und selbstbestrafende Impulse die normale Funktion der Hand. Die eigene Hand ist unbewußt schmutzig.

Drittens könnte der Händedruck der anderen Person der eigenen Hand schaden.

Viertens wird bei der betont schlaff dargebotenen Hand die geringste aggressive Regung ängstlich gemieden.

In fünfter unbewußter Schicht schließlich zeigt die verkrampfte oder gelähmte Hand, daß die mächtige Mutter die geliebte Tochter an der Hand festhält und nicht losläßt; eine von beiden Seiten unterhaltene hartnäckige Mutterbindung. Dazu paßt, daß sich die kleine Tochter bei ihren Versuchen, sich aus der Umklammerung der Mutter zu befreien, vom schwach erlebten Vater im Stich gelassen fühlte.

Im Verlauf der 206 Stunden umfassenden und zweieinhalb Jahre dauernden Analyse werden der Patientin die bislang unbewußten inneren Konflikte mit den dazugehörigen Affekten Schmerz, Lust, Angst, Wut und Trauer bewußt. Träume und deren gemeinsame Deutung waren dabei ebenso wichtige Voraussetzung wie das konsequente Durcharbeiten der sich in der Übertragung auf den Analytiker konstellierenden Interaktionsmuster. Das heißt, im unmittelbaren Erleben wurde der Analytiker zuerst zum ersehnten Mutterersatz, dann zum gefürchteten Rivalen, zum verführerischen Vater und schließlich auch zur festhaltenden Mutter. Nachdem sich im Lauf des psychoanalytischen Prozesses diese unbewußten Beziehungsmuster reaktiviert hatten, konnten sie auch im Hier und Jetzt der Beziehung zwischen Patientin und Analytiker erkannt, durchgearbeitet und schließlich überwunden werden.

Das während der Analyse Erarbeitete konnte schließlich in die Lebenspraxis insofern umgesetzt werden, als die junge Musikerin die nunmehr bewußt gewordenen Konflikte unmittelbar mit Vater und Mutter austragen konnte, und zwar dadurch, daß sie sich endlich von der Mutter abgrenzte und in nachgeholtem Protest gegenüber dem Vater durchsetzte, um ihren selbstgewählten Weg als Musikerin zu gehen.

Was können wir aus dieser Analyse lernen? Auch beim Musizieren sind Affekt und Körper in elementarer Weise beteiligt. Aggressive und sexuelle Affekte können unbewußt irritieren, wenn beim Musizieren die entsprechenden Affekte tangiert werden. Bei Beethoven finden wir häufig typisch »leidenschaftliche Ausbrüche«, eine »affektbetonte Dynamik« in oft »grell gegeneinandergestellten Klangflächen«, besonders im »pathetisch-virtuosen Konzertstil« (Renner 1980). Volle Kompetenz und Potenz zur Bewältigung großer musikalischer Aufgaben setzt also voraus, daß Sexualität und Aggressivität in konstruktiver Form voll verfügbar sind, daß Affekte und Körper ausgewogen sind.

Der Violinspieler muß den Bogen mit der rechten Hand »wie ein Schwert oder wie die Sehne eines Kriegsbogens« (Klausmeier 1978, S. 121) mit voller Kraft schwingen und dabei gleichzeitig die notwendige, aber oft ungeheuer schwierige Balance halten können.

Jeder Musiker muß sein Trieb- und Aggressionspotential voll zur Verfügung haben. Ein Pianist muß beispielsweise im ersten Satz des 1. Klavierkonzerts von Brahms in d-moll voll in die Tasten greifen, um nicht zu sagen: »einhauen« oder »einschlagen« können. Erst wenn dieses Aggressionspotential grundsätzlich abrufbar ist, dann kann es auch kontrolliert eingesetzt werden. Die größte direkte Triebbefriedigung ist den Musikern am Schlagwerk gegönnt. Sie können »auf die Pauke hauen«, stehen allerdings unter dem hohen Druck, nicht die Einsätze zu verpassen. Holz- und Blechbläser können den anderen ungeniert »den Marsch blasen«, aber auch die Streicher streichen nicht nur sinnlich und zart über die Saiten, sondern brauchen, wie unser Beispiel zeigte, für kraftvolle und schwungvolle Passagen ungebrochene und frei verfügbare sexuelle und aggressive Energie.

Fallbeispiele aus der psychoanalytischen Praxis

Schmiede das Eisen, solange es heiß ist.

Als mir mein früherer Supervisor Piet Keuper, der später tragischerweise als Psychiater und Psychoanalytiker selbst an einer schweren depressiven Psychose erkrankte, von der ihn stärkste Medikamente und später die Malerei retteten, den zum Motto dieses Kapitels gewählten Satz sagte, wußte ich nicht, was er meinte. Damals war ich froh, wenn ich einigermaßen verstanden hatte, was der Patient unbewußt mit mir inszenierte, und zufrieden, wenn ich dabei etwas vom Ödipus-Komplex, von Todeswünschen, von Sexualität entdecken konnte.

Die Rolle der drei großen kategorialen Affekte Angst, Wut und Trauer wurden mir erst im Lauf langjähriger psychoanalytischer Praxis langsam klarer, als ich mich, wie jetzt in diesem Buch, ausgehend von den Erkenntnissen der Psychologen, nicht nur der Psychoanalytiker, theoretisch mit dem Thema befaßte und jetzt in der Lage bin, im nachhinein Aufzeichnungen über die psychoanalytischen Behandlungen meiner Patienten daraufhin durchzusehen, inwieweit hier kategoriale Affekte eine wesentliche Rolle spielten. Dabei stellte sich heraus, daß sogenannte große Stunden, bei denen beide Beteiligte den Eindruck hatten, daß sich etwas getan hat, immer solche Stunden waren, in denen massive Affekte das Geschehen bestimmten, in denen das Eisen wirklich heiß war; heiß vor Angst, Wut oder Trauer. Wie der Schmied am heißen Feuer kann der Analytiker das, was sich im Prozeß wie Eisen erhitzt hat, schmieden. Derart »heiße« Szenen für positive Veränderungen ermöglichen tatsächlich nachhaltige

Veränderungen, sind die conditio sine qua non dafür. Meine Akzentuierung wird neuerdings eindrucksvoll bestätigt durch Lichtenberg, Lachman und Fosshage (2000): Für diese selbstpsychologisch orientierten Psychoanalytiker sind affektive Erfahrungen »der rote Faden im therapeutischen Austausch« und Voraussetzung für positive Veränderung.

Der wütende Manager

Ein im Beruf erfolgreicher Unternehmer hatte Angst, an Herzinfarkt zu sterben. Diese Angst trat zum ersten Mal auf, als er allein auf der Jagd in der Wüste war, nachdem er erfolgreich einen großen Büffel erlegt hatte, ohne mögliche Hilfe weit und breit. Später wiederholten sich diese Ängste ohne erkennbare Zusammenhänge mit einer »bösen Tat« wie auf der Jagd. Die Psychoanalyse ergab, daß sich hinter der Aggression auf das Wild eine mörderische Wut auf den Stiefvater verbarg, der ihn nicht anerkannte, auf den Vater, der ihn im Stich ließ, auf die Mutter, die sich in ihre Depression zurückgezogen hatte. Diese mörderische Wut wurde zwangsläufig in der Übertragung auf mich wiederbelebt. Auslöser war, daß ich ihm nicht, wie erwartet, eine Extrastunde gab, als der Patient frühmorgens anrief mit panischer Angst, jetzt sterben zu müssen. Ich antwortete, so wie ich es gelernt hatte: Mein Terminkalender sei leider voll, er müsse sich an einen Arzt wenden, die nächste Stunde sei ja übermorgen. Hinter dem bewußt geäußerten Wunsch, er würde gern sofort zum Analytiker kommen, der ja auch Arzt war, steckte der unbewußte Wunsch, dieser möge doch zu ihm kommen.

Die unbewußte Reaktion war eine massive Symptomverschlechterung. Erst durch langwierige und schwierige Analyse stellte sich heraus, daß die Symptomverschlechterung nichts anderes war als versteckte Vorwürfe und Anklagen gegen mich, nachdem ich ihn so schmählich im Stich gelassen hatte. Ich mußte für meine »böse Tat« (weil ich ihm nicht sofort eine Extra-Stunde einräumte) insofern lange büßen, als die verschlechterten Symptome trotz angestrengtem psychoanalytischem Bemühens einfach nicht besser werden wollten. In einer Stunde konnte er dann endlich direkt seine Wut über die schlechte Behandlung affektiv und körperlich ausdrücken: Er schrie mich an, trommelte auf dem Schreibtisch und rechnete mit mir ab. Auch die angestaute Wut über früher gemachte schlechte Erfahrungen mit Ärzten kam heraus: als er als Kind nach einer Mandeloperation fast verblutete und später als seine junge Frau wegen eines nicht rechtzeitig erkannten Blinddarmdurchbruchs an Bauchfellentzündung sterben mußte. In tieferer Schicht zielte die Wut auf Stiefvater, Mutter und Vater. Die Szene kumulierte mit der direkten Anklage: »Ich könnte Sie wegen unterlassener Hilfeleistung vor Gericht bringen und bei der Ärztekammer anzeigen!« Das war ein Treffer ins Schwarze. Ich war getroffen und entsprechend betroffen. Dann wurde der Patient blaß vor Angst. Der Schreck fuhr ihm in die Glieder. Er hatte tatsächlich einen Moment Angst, er könnte seinen Therapeuten mit seinem sicheren Schuß so wie das Wild auf der Jagd tatsächlich erlegt haben. Die Tatsache aber, daß ich den direkt gegen mich gerichteten Affekt überlebte und ruhig sagen konnte: »Jetzt haben sie aber Angst, Sie hätten mich tatsächlich getroffen. Ihre Wut ist aber berechtigt, denn ich hatte Ihnen ja tatsächlich die Ihnen zustehende Hilfe versagt.«

Nachdem in dieser »heißen« Szene tatsächlich Wut und Angst zum Ausdruck gekommen waren, trat die Wende zur Besserung ein. Die Symptome verschwanden nach und nach, und der frühere Patient konnte selbstbewußt als Topmanager schwerwiegende Entscheidungen fällen und die ihn nun voll zur Verfügung stehende Aggressivität, wenn nötig gezielt und messerscharf, gegenüber Mitarbeitern, Untergebenen und auch Vorgesetzten gekonnt nutzen.

Der traurige Soldat

Der zweite Fall verlief nicht so glücklich, ja muß rückblickend als Mißerfolg eingestuft werden. Bei ihm ging es ebenfalls um die kategorialen Affekte Wut und Angst, aber auch um Trauer.

Der Fall ist aber deswegen interessant, weil er zeigt, wie ein Nichtwissen des Psychoanalytikers den Erfolg vereiteln kann. Gleichzeitig ist aber die Frage berechtigt – ich denke dem Leser wird es ebenso gehen –, ob hier überhaupt ein Erfolg möglich gewesen wäre, und zwar angesichts dessen, was wir heute wissen und was als eigentliche Ursache der massiven Symptome in diesem Fall zu vermuten ist.

Das erste, was mir der Patient sagte, war, daß er im Krieg in Rußland gewesen sei, die mörderischen letzten Kämpfe aber überlebt habe, weil er verwundet worden und deshalb ins Lazarett gekommen sei. Damals glaubte ich noch, daß die deutschen Soldaten ritterlich gekämpft hätten, und wußte nichts von dem, was wir spätestens seit der Wehrmachtausstellung wissen, was an Grausamkeiten im Rahmen dieses Vernichtungskriegs alles geschehen war. Daran dachte ich aber nicht im entferntesten. Ich war auf Kindheit und Jugend fixiert, auf Ödipus-Komplex und Sexualität, die er, aufregend genug, zusammen mit älteren Freunden bei einer gemeinsamen Vergewaltigung eines Mädchen unter unwürdigen Umständen unter Beweis stellen mußte. Er erzählte mir auch, daß er, verführt von denselben älteren Freunden, mit in ein Wochenendhaus eingebrochen war, später an der Lehrstelle von der Polizei abgeholt, vor Gericht gestellt und zu einer Jugendhaftstrafe verurteilt wurde. Ich sah damals vorwiegend das, was ihm angetan wurde, wo er zum Opfer gemacht wurde, und viel zu wenig das, was er als Täter tat. Noch weniger dachte ich daran, daß sich hinter den Jugendstraftaten ganz andere, viel schlimmere Taten verbergen könnten.

Wenn ich heute die seinerzeit zu Lehrzwecken auf Tonband (mit Erlaubnis des Patienten) mitgeschnittenen und transkribierten Sequenzen wieder lese, dann wird mir – und der Leser kann das vielleicht mit nachvollziehen – mit Betroffenheit klar, wie nahe Rede und Affekte an dem grausamen Geschehen waren, das er und ich, trotz allen Bemühens, nicht bewältigen konnten.

Zunächst die Symptome, wiedergegeben in wörtlicher Rede: »Schlecht ist mir's. Den ganzen Tag wie besoffen. Moralisch kaputt. Das hat alles so einen verrückten Charakter. Bin ich nicht doch geisteskrank? Kein Gedächtnis und gar nichts. Kreuzliedrig jeden Tag. Das ist doch Wahnsinn. Du bist verrückt oder wirst verrückt. Alles nur im Nebel, auf Tauchstation, nicht da, nur ein Vegetieren, ein mechanisches Funktionieren, alles andere als ein normales Leben.«

Es folgen Passagen, in denen sich der Patient mit Angst und Wut einem grausamen Geschehen annähert: »Ich glaub ich bin kreuznarret. Ich könnte Ihnen die Pistole auf die Brust setzen! Jetzt sag' ich's aber dem Doktor: Der soll endlich mal sagen, was mit mir los ist. So mach' ich nicht mehr weiter. Sonst bring ich mich noch um. Geben Sie mir eine Spritze, daß ich sterben kann. Ich hab nichts anderes verdient, daß ich nur so dahinvegetiere.

Da muß doch etwas sein, was nicht in Ordnung ist, ein Fehlverhalten, das aufgedeckt werden muß (der Patient weint und stöhnt). Da ist irgend etwas Falsches von mir. Da sind auch Schuldgefühle. Das wird vorübergehend besser, kommt dann aber wieder: Da muß doch irgendeine falsche Vorstellung sein. Dann haben wir auch etwas aufgedeckt, was falsch war. Aber eine wirkliche Korrektur zum Guten findet nicht statt.«

Der Psychoanalytiker erinnert ihn an die Jugendstraftat und konfrontiert ihn mit etwas, was der Patient ihm früher schon sagte mit dessen Worten:

»Sie sagten einmal: ›Da hat es geheißen, wenn du alles sagst, dann darfst du nach Hause. Und dann haben sie mich erst richtig eingesperrt.‹ Das fürchten Sie jetzt auch bei mir. Wenn das Schlimme herauskommt, dann wird es schlechter als vorher. Deswegen lassen Sie lieber alles beim Alten. Selbst alles Leiden und Quälen scheint dann das geringere Übel.«

Später dann wieder der Patient: »Da muß irgendein Makel sein. Da war ich unter Druck. Ich bin gesteuert worden. Ich wollte, ich hab's getan, aber irgendwie war ich nicht richtig dabei. Es ist wie bei einer Pauschalverurteilung, die alles in Mitleidenschaft zieht. Dann ist alles ›zu‹ ... das geschieht dir recht. Wenn ich aufmucke, denke ich gleich an Repressalien. Dann kommen die mit der ›Grünen Minna‹ und bringen mich in die psychiatrische Anstalt oder gleich ins Zuchthaus.«

Die geäußerten Ängste habe ich natürlich, wie sich das für einen Analytiker gehört, auch in der Übertragung wahrgenommen und gedeutet: »Wenn Sie mir die Pistole auf die Brust setzen oder wenn Sie all das Schlimme sagen, was Sie nicht bewältigen können, dann fürchten Sie, daß ich Sie hinauswerfe.« Darauf der Patient: »Ja klar. Also, nimm dich in acht vor diesen Autoritäten, die haben doch die Macht. Dann kusche ich wieder. Ich sehe, daß Sie mir helfen wollen, das andere ist aber stärker als Sie und ich zusammen.«

Heute bin ich fest davon überzeugt, daß der Patient in irgendwelche Erschießungen verwickelt war, wie sie aufgrund neuerer historischer Forschung leider zu häufig während des Rußlandfeldzugs vorgekommen sind. Ich glaube heute ebenfalls, daß manche von denen, die sich Kriegsverbrechen haben zuschulden kommen lassen und nicht verurteilt wurden, sich unbewußt selbst dadurch verurteilten, daß sie sich im schlimmsten Fall selbst umbrachten oder als Kompromiß Symptome entwickelten, wie unser Patient, die ihn lebenslänglich fesselten.

Wie auch Frauen an unterdrückter Wut leiden, was Margarete Mitscherlich-Nielsen in ihrem Buch »Die friedfertige Frau« (1985) geradezu als geschlechtsspezifisches Merkmal betonte, zeigen die folgenden beiden Fälle.

Die hassende Lehrerin

Der erste betrifft eine Lehrerin. Sie fühlt sich gehemmt, im Schatten der anderen, ist vielfach depressiv gestimmt. Ihre unterdrückte Wut zeigt sich in zwanghaften Gedanken, Männer zu kastrieren. Sie möchte ihnen den Penis abschneiden, mir in der Phantasie die Krawatte so zudrehen, daß ich ersticke. Das sind aber nur Geistesblitze. Anhaltendes Gefühl ist eine Katastrophenstimmung. Sie mag sich selbst nicht leiden, ihr Gesicht, ihre Brüste, ihre Kniekehlen.

Die Psychoanalyse zeigt, daß sie mit ihrem Vater noch eine Rechnung zu begleichen hat: »Wenn ich an den denke, wird mir übel, singt der doch, als ich ungefähr zwölf war: ›Deine Möse riecht nach Käse‹, faßt mich an.« Als literarisch gebildete Frau entsetzte sie moderne Literatur, in der Männer Grausames tun, jemand mit dem Auto überfahren und das Opfer blutend auf der Straße liegenlassen. Da überfällt sie eine kaum zu steuernde grenzenlose Wut auf die »Männerclique«, die kein Herz hat für Gefühle, die über Leichen gehen. Später werde ich in der Analyse zur Zielscheibe von Haß und Wut.

Sie schreibt mir einen Brief: »Die Beziehung zu meinen Eltern erscheint mir so, als solle ich mit einem dicken Wollmantel im Wasser schwimmen. Es ist unvermeidlich, daß er sich voll saugt und mich herunterzieht. Dazu kommt die ganze Sterilitätsscheiße: kein Kind, nicht Schreiben-Können. Ich gebe Ihnen die Schuld, daß Sie es nicht geschafft haben, diese furchtbaren Ketten, den nassen Wollmantel und all das aufzubrechen. Früher habe ich mir und meiner Unfähigkeit die Schuld gegeben, doch das sehe ich nicht mehr ein. Schließlich habe ich keine Peinlichkeit gescheut und die Wahrheit gesagt. Sie sind lauwarm und halbherzig gewesen und haben Ihrer salzlosen Analyse vertraut. Das ist eine derartige Schonkost, daß man davon weder leben noch sterben kann. Wie durchpüriertes Kalbfleisch kommt mir die ganze Sache vor. Davon kann man nichts werden. Da hatte ich noch mehr von mir als von Ihrer Analyse. Leider kann ich Sie theoretisch nicht angreifen, deshalb beschimpfe ich Sie lieber. Wenn ich schlechten Unterricht in der Schule mache, kriege ich auch sofort einen drauf von den Schülern. Sie schone ich jetzt nicht mehr länger, und auch der Gedanke, daß Sie vielleicht Ihrerseits traurig sind, sich das Bein gebrochen haben, unter einer schweren Grippe leiden, Ihre Frau sie betrügt, Ihre Freundin Sie verlassen hat und man Ihnen wissenschaftliche Unfähigkeit vorwirft, soll mich nicht rühren. Ich will leben, statt immer verpuppt scheintot herumzusitzen, -liegen, -stehen. Soll ich bescheuert sein, nur weil mir bisher nichts gelungen ist? Sie hätten mit mir findiger sein müssen, wacher, phantasievoller, sich etwas ausdenken müssen, statt ihrer Theorie, die fast hundert Jahre alt ist, zu vertrauen. Und sollten Sie noch so viel Erfolg haben, bei mir haben Sie nichts auf die Beine gestellt. Ich weigere mich, mir das anzulasten. Ich laste es Ihnen an.

Ich bin bereit, *alle* Konsequenzen zu tragen: Sie fallen in eine

Depression. Sie schmeißen mich raus. Sie behandeln mich schlecht. Sie versuchen, das alte gute Einvernehmen wiederherzustellen, womit Sie mich herumkriegen wollen. Sie lesen den Brief, trinken eine Tasse Kaffee und gehen zur Tagesordnung über. Diese Möglichkeit halte ich für die wahrscheinlichste und zugleich für die beschissenste. Das paßt genau zu der lauwarmen Analysediät. Oder Sie denken sich wirklich einmal etwas Neues aus, das wäre mir das Liebste.«

Dieser Brief allein wirkte schon befreiend; noch mehr aber die Erfahrung, daß ich Haß und Wut akzeptieren konnte und daß mir wirklich etwas Neues einfiel; nämlich die hinter der Vaterproblematik verborgen gebliebene schwierige Beziehung der Tochter zur Mutter und die daraus resultierende unsichere weibliche Geschlechtsidentität zu analysieren. Jetzt träumt die Patientin von schönen Stoffen, von einer Lotusblüte und von einer Höhle, in die einzudringen sie Angst hatte, weil es dort stinke so wie Käse (der Ausspruch des Vaters!), über die sie aber auch von der Mutter und niemand Aufklärung bekam. Erst jetzt wird ihr bewußt, nachdem ihr eine Gynäkologin zeigte, was da alles für Wunder geschehen und ungeahnte Kräfte verborgen sind; bei der Ovulation, wenn das Ei in den Eileiter springt, bei den Kontraktionen der Gebärmutter im Orgasmus. Sie versöhnt sich mit ihrem als häßlich empfundenen Körper, entdeckt die Welt ihrer inneren Genitalität, und damit die ihrer Kreativität. Muß ich jetzt noch erwähnen, daß sie jetzt zuerst ein und dann noch ein zweites Kind bekam, glückliche Mutter wurde und auch zu schreiben begann: Gedichte, Kurzerzählungen, in denen sie ebenso ihre eigene Verletzbarkeit wie grausame Szenen ihrer Umgebung verarbeitete: »Mein Bild: eine Muschel, fest verschlossen, bei gewaltsamer Öffnung für immer zerstört.«

Die liebende Pfarrerin

Der nächste und letzte Fall betrifft eine junge Frau, Pfarrerin von Beruf, kinderlos verheiratet. Sie hatte schon im Rahmen von »Clinical Pastoral Training« in einer Selbsterfahrungs- und Supervisionsgruppe einige psychoanalytische Erfahrungen gemacht. Sie erkannte sich als überbetont altruistisch, zu wenig an sich selbst denkend. Auch ihr wurden, wie im vorigen Fall, zunehmend ihre Autoritätsprobleme bewußt. Immer dann, wenn sie sich durchsetzen wollte, erwies sie sich als blockiert, hatte es ihr die Sprache verschlagen, zog sie sich depressiv in sich zurück. Das andere, tiefer liegende Problem war Angst vor Nähe und eine große Sehnsucht nach Liebe. Als Tochter von Weingärtnern konnte man sich wenig um das kleine Kind kümmern. Da waren zwar noch eine Großmutter, eine Tante und eine ältere Schwester. Was von ihnen kam, erlebte sie aber nicht als Liebe, sondern als Angst machen, drohen und strafen. Vor allem der Bereich der Nähe und Sexualität war mit Angst besetzt; dies um so mehr, als das neunjährige Mädchen miterleben mußte, wie die ältere Schwester ungewollt schwanger wurde und die Mutter sie deswegen verachtete.

In diesem Fall wurde das Eisen schon in der Initialszene heiß: Die Patientin war eine Stunde später gekommen als vereinbart (um 13 Uhr und nicht um 12 Uhr). Nach analytischer Regel hätte ich sie auf den Irrtum hinweisen und sie nach Hause schicken müssen. Das hätte ich als extrem grausam empfunden. Ich spürte, daß etwas existentiell Wichtiges berührt war: freudig empfangen zu werden oder achtlos fortgeschickt zu werden. Ich war selbst aufgeregt, sagte dann aber intuitiv das Richtige: »Dann fangen wir jetzt an, wo sie da sind«, rief nur kurz meine Frau an, daß ich eine Stunde später zum Mittagessen kommen würde und begann die Stunde. Die Patientin hatte tatsächlich erwartet, fortgeschickt zu werden, so wie sie es von den Eltern gewohnt war, die nie Zeit für sie hatten. Die unerwartet andere, neue Erfahrung öffnete ihr das Herz. Später konnte sie nach und nach ihre übersteigert altruistische Haltung erkennen und durch einen gesunden Narzißmus überwinden, indem sie lernte, auch an sich zu denken und auch einmal noch so drängend erscheinende Besuche abzuweisen, was sie sich lange nicht zu tun getraut hatte.

Im Gegensatz zum vorherigen Fall kamen hier Haß und Wut auf die Eltern, auf den Ehemann, von dem sie sich zu Recht nicht genügend geschützt fühlte, nicht direkt auf die betreffenden Personen und in der Übertragung auf mich zum Ausdruck. Die Patientin vollbrachte vielmehr – als Pfarrerin auf dem Hintergrund ihres christlichen Glaubens – das Kunststück, den sie vernachlässigenden Menschen nicht nur nicht reaktiv böse zu sein, sondern auch zu verzeihen.

Ich hatte mich immer gefragt, ob es eine conditio sine qua non sein müsse, daß bei Patienten mit unterdrückter Wut diese Wut während der Therapie früher oder später auch mit allen dazugehörigen Affekten abreagiert und in der Übertragung auf den Analytiker gerichtet sein muß, um gesund zu werden. Der Fall der Pfarrerin hat mich eines anderen belehrt: Auch das Verstehen dessen, was die anderen einem angetan haben, ohne zu wissen, was sie tun, kann befreien. Dazu müssen aber zwei Voraussetzungen erfüllt sein, welche die frühere Patientin nach Abschluß der Analyse in Worte faßte.

In einer Predigt, in der sie auf die Unvermeidlichkeit von Trennungen hinwies, zitierte sie aus der Bibel: »Jesus sprach zu seinen Jüngern: ›Jetzt aber gehe ich hin zu dem, der mich gesandt hat, und niemand fragt mich: wo gehst du hin? Doch weil ich das zu Euch geredet habe, ist Euer Herz voller Trauer. Aber ich sage Euch die Wahrheit: Es ist gut für Euch, daß ich weggehe. Denn wenn ich nicht weggehe, kommt der Tröster nicht zu Euch. Wenn ich aber gehe, will ich Ihn zu Euch senden. Und wenn er kommt, wird er der Welt die Augen auftun.‹«

In der Predigt zu diesem Text bringt sie den Konfirmanden nahe, daß es unvermeidlich ist, sich zu trennen, sich der damit ebenso unvermeidlichen Trauer auszusetzen, um schließlich den eigenen Weg suchen und finden zu können. Damit hat sie implizit auch ihre eigene Trauer über die versäumte Liebe verarbeitet, womit wir zum nächsten Punkt kommen:

Sie schickt mir – säuberlich handgeschrieben – den bekannten Text über die Liebe: 1. Korinther 13: »Wenn ich mit Zungen der Menschen und der Engel rede, habe aber keine Liebe, so bin ich ein hallender Gong oder eine klingende Zimbel. Und wenn ich Prophetengabe habe und alle Geheimnisse und alle Erkenntnis und habe allen Glauben, so daß ich Berge versetzen kann, habe aber keine Liebe, so bin ich nichts. Und wenn ich meinen ganzen Besitz verteile und meinen Leib hingebe, um verbrannt zu werden, habe aber keine Liebe, so nützt es mir nichts.«

Damit zeigt mir die Patientin, wie sie im Umgang mit Eltern, Tante, Schwester Ehemann und Therapeut einen Weg gefunden hat, um aus unterdrückter Wut und Trauer langsam, aber sicher heraus zu finden. Auch sie wurde Mutter und fand in der Sorge um ihr Kind eine glückliche Ergänzung für ihre Berufung als Pfarrerin. Sie fügt abschließend noch eine theologische Erläuterung hinzu:

»Glaube kritisiert religiöse Praktiken, geistige Fähigkeiten und ethisches Handeln des Menschen, indem die Dimension der Liebe als Richtschnur und Frage der Identität bestimmt wird. Liebe ist eine alternative Grundeinstellung zu der Umwelt, eine Lebenshaltung. Hoffnung zieht die Verbindung zwischen weltlichem Leben und transzendentem Sein. Sie liegt in der Liebe, die wir jetzt schon in Augenblicken empfinden können und die eine vollkommene Form findet durch das Du des Anderen.«

Psychosomatische Störungen – Sein oder nicht sein?

Zu tiefes Schweigen scheint nicht minder bedrohlich als vergeblich lautes Schreien.
Sophokles, *Antigone*

Erkenntnisprobleme

Das psychoanalytische Verstehen psychosomatischer Störungen ist durch folgende Grundprobleme kompliziert.

Das *informationstheoretische* Problem: Es soll etwas in Worten erklärt werden, was sich körperlich abspielt.

Das *erkenntnistheoretische* Problem: Wir sind seit Plato, verstärkt seit Descartes, gewohnt, körperliche und seelische Phänomene getrennt zu denken. In Wirklichkeit sind aber Körper und Seele, wie zuerst Hippokrates lehrte, eine Einheit. Winnicott (1976b) spricht schlicht vom »Leibseelischen«. Auch Alexander Mitscherlich (1967) hat mit seinem Begriff des »kernhaftarchaischen, psychosomatischen Simultangeschehens« diese Einheitlichkeit betont. Der von Freud und in seiner Nachfolge vor allem von Felix Deutsch (1953) problematisierte »geheimnisvolle Sprung« vom Seelischen ins Körperliche, den man mit Hilfe des Konversionsbegriffs zu verstehen suchte, entpuppt sich unter der genannten erkenntnistheoretischen Perspektive als ein Scheinproblem.

Das *Wertproblem:* Offensichtlich wird die psychische Funktion weit höher bewertet als die körperliche. Unsere Sozialisation ist dadurch gekennzeichnet, daß wir körperliches und affektives

Mitreagieren zugunsten einer rein seelischen Ausdrucksweise verlernen sollen. Nicht von ungefähr spricht Mitscherlich (1967) in Gegenüberstellung zu Schurs (1955) Begriff der »Somatisierung« von *»De-Somatisierung«* im Lauf der körperlich-seelischen Entwicklung. Diesem Begriff ist ein weiterer an die Seite zu stellen, nämlich eine *De-Affektivisierung*, denn im Lauf der Erziehung werden nicht nur körperliche Verhaltensweisen, sondern auch das Äußern von Affekten – zumindest im Bereich der Industriegesellschaften – unterdrückt und behindert. Gefördert werden dagegen Denken und Sprechen. Beides soll möglichst ohne körperliche Begleiterscheinungen und, darüber hinaus, weitgehend sogar ohne spontane Affekte geschehen. In einer derartigen durch Unterdrückung von Affekten und durch Körperfeindlichkeit gekennzeichneten Umwelt ist es schwierig, Verständnis für die Bedeutung von Affekten und körperlichen Signalen zu wecken. Das ist aber unerläßlich, wollen wir bestimmte körperliche Störungen verstehen, die als psychosomatische Krankheiten bekannt sind. Gerade bei diesen psychosomatischen Störungen spielen Affekte eine wesentliche Rolle.

Affekte laufen nie ohne gleichzeitige körperliche Beteiligung ab. Man denke nur an Schreien vor Wut, Weinen aus Schmerz und Trauer, Herzklopfen vor Angst. Wir wollen also psychosomatische Störungen als ein einheitliches Geschehen verstehen, in dem stets ein (psychologisch zu fassender) Affekt und eine (physiologisch zu erklärende) Erregung gemeinsam stattfinden.

Daß bei Kindern diese Einheit noch zum Ausdruck kommt, ist uns geläufig. Die Einsicht, daß dieses Zusammenspiel von Körper und Seele auch bei uns Erwachsenen stattfindet, fällt wegen der bei uns als Folge der Erziehung vorherrschenden Trennung von Körper und Seele außerordentlich schwer. Die Affekte sind von den Vorstellungen durch den Abwehrmechanismus der Affektisolierung voneinander getrennt. Wollen wir aber psychosomatisch Kranke in ihrem Leiden verstehen, dann müssen wir diese Aufspaltung von Affekten und Vorstellungen rückgängig machen. Wir müssen außerdem die uns oft nicht bewußte Geringschätzung der körperlichen und affektiven Ebene revidieren. Vielleicht spielt bei dieser Neigung, Affekte und Körperreaktionen so gering einzuschätzen, auch eine Rolle, daß wir diese animalischen Reaktionen mit den Tieren gemeinsam haben. Bereits W. B. Cannon (1929) hat in seinen tierexperimentellen Untersuchungen zu Wut, Hunger, Angst und Schmerz aus physiologischer Perspektive auf den untrennbaren Zusammenhang von Affekt und Körperveränderung nachdrücklich hingewiesen.

Der psychosomatische Charakter

Ausgehend von der ersten Beschreibung einer typischen Charakterstruktur durch Freud (1908a), nämlich dem »analen Charakter«, sind von verschiedenen Autoren weitere spezifische Charakterstrukturen formuliert worden. Abraham (1925) untersuchte die Beiträge der Oralerotik zur Charakterbildung und die Persönlichkeitsstörungen auf der genitalen Entwicklungsstufe. Reich (1933) lieferte in seiner Theorie der Charakterbildung Beiträge zu Formen wie den hysterischen Charakter, Zwangscharakter, den phallisch-narzißtischen Charakter sowie den masochistischen Charakter. Diese Ansätze haben die Charakterlehre der Psychoanalyse bis zum Begriff des »autoritären Charakters« (Adorno et al. 1969) bereichert.

Im Bereich der psychosomatischen Medizin entspricht der Begriff der »Alexithymie« (Nemiah 1977) oder des »psychosomatischen Phänomens« (Marty et al. 1963; Stefanos 1973) einer Art »psychosomatischem Charakter«. Während die eine Gruppe der Autoren diese Charakterstruktur als das Ergebnis von neurologisch erklärbaren Störungen im limbischen System ansieht, geht eine andere Gruppe von Forschern unter psychoanalytischer Argumentation (Wolff 1977; Taylor 1977) davon aus, daß es sich bei dieser Charakterstruktur um eine Abwehrmaßnahme handelt. Es wäre nun völlig verfehlt, würden wir beim Phänomen der Alexithymie oder, wie die französische Autorengruppe um Marty et al. (1963) und Fain (1966) formuliert, bei der »pensée opératoire«, der »projektiven Reduplikation« und dem beschriebenen Mangel an Phantasie und Affekten in unserem Bemühen um ein psychoanalytisches Verstehen psychosomatischer Störungen einhalten. Aus psychoanalytischer Sicht müssen wir gerade hinterfragen, ob das Gegebene nicht wie ein manifester Traum lediglich das *Ergebnis einer Abwehr* ist. Wir müssen also versuchen, den psychosomatischen Charakter genauso zu verstehen wie einen manifesten Traum oder so wie die manifeste Rede des Patienten in der analytischen Situation. Das heißt, wir müssen versuchen, den hinter dem manifesten Text verborgenen Sinn herauszufinden. Vom *analen* Charakter, wie ihn Freud beschrieben hat, wissen wir, daß er das Ergebnis von bestimmten analen Triebwünschen, Ängsten vor diesen Triebwünschen und Abwehr gegenüber diesen Triebwünschen darstellt, wobei vor allem der Abwehrmechanismus der Reaktionsbildung eine große Rolle spielt. Was den psychosomatischen Charakter angeht, so ist diese Charakterstruktur, wie sie von den französischen Autoren phänomenologisch hervorragend beschrieben wurde, meiner Meinung nach in psychogenetischer Perspektive vor allem die *Resultante massiver archaischer Affekte,* und zwar destruktiv-mörderischer und oral-verschlingender Art. Dazu kommen diesbezügliche Ängste und die Abwehrversuche gegenüber derartigen Impulsen.

Die beim psychosomatischen Charakter beschriebene Ich-Schwäche ist unter dieser Perspektive keinesfalls statisch, vielmehr *dynamisch* zu verstehen. Wenn nämlich massive archaische Affekte abgewehrt werden, dann stehen diese Kräfte dem davon betroffenen Menschen als Ressourcen nicht zur Verfügung. Darüber hinaus fehlt ihnen die Energie, die zur Abwehr des Abgewehrten erforderlich ist. Ich möchte also den Akzent weniger auf die Charakterformation der Alexithymie – oder wie immer wir sie auch nennen wollen – legen. Ich will vielmehr versuchen, die Bedeutung der bei psychosomatisch Kranken abgewehrten Affekte hervorzuheben, um so zu einer Art Affekttheorie der psychosomatischen Störungen zu kommen. Dazu gehört, trieb-theoretisch gesprochen, eine Fixierung auf der frühen oralen Entwicklungsstufe als Folge massiver Privation und/oder Deprivation. Extreme Versagungen führen dabei reaktiv zu massiven Affekten, vor allem mörderischer Wut, heftigem Neid und zu einer alles verschlingenden Gier (Klein 1962).

Die Objektbeziehungen dienen auf dieser Entwicklungsstufe, wie in der Genese des narzißtischen Charakters oder bei den narzißtischen Persönlichkeitsstörungen, im wesentlichen der Selbstliebe und der Selbstaufwertung. Das Objekt stellt einen »Ersatz für fehlende Segmente in der Struktur« (Kohut 1973) dar. Es repräsentiert als Teil des Selbst ein Selbst-Objekt, das, wie auch sonst Objekte, Funktionen für das Selbst erfüllt. Dabei handelt es sich nicht um Objekte im Sinn personaler Ganzobjekte, sondern vorwiegend um Teilobjekte. Daß diese im übrigen einen »vagen Unlustcharakter« haben und »Züge ... totalen Selbstverlustes« aufweisen, hat schon 1964 de Boor aufgezeigt. Wie sehr sich Patienten mit psychosomatischem Charakter »ausgequetscht und wertlos« fühlen und dazu neigen, ihre Mitmenschen so zu verachten, wie sie sich selbst verachtet gefühlt haben, hat Kernberg (1978) herausgestellt. Dazu gehört die Unfähigkeit, echte Abhängigkeit ertragen zu können, Gefühle von Bedauern, Trauer und Schuld zu empfinden, und die Neigung zu einer Verschmelzung der Selbst- und Objektrepräsentanzen.

Das psychosomatische Symptom

Wenn die Abwehr in Form des psychosomatischen Charakters nicht mehr ausreicht, kommt es zum Auftreten eines psychosomatischen Symptoms. Auslöser ist in aller Regel ein phantasierter oder realer Objektverlust. Die damit verbundenen Affekte sind von äußerst schmerzlicher Art und gehen einher mit Hilflosigkeit und Hoffnungslosigkeit.

Zum Symptom selbst kommt es durch psychophysiologische regressive Prozesse (Margolin 1953). Sie entsprechen denjenigen früheren Entwicklungsphasen, in denen durch entsprechende Versagungen heftige unwillkürliche, präverbale, undifferenzierte und damit sowohl affektive als auch, davon untrennbar, massive somatische Reaktionen hervorgerufen werden. Die Art der somatischen Reaktionen hängt dabei von dem Ort der Fixierungsstelle ab, die der davon befallene Mensch als Kind durch äußere Versagung erworben hat. Mörderische Wut, abgrundtiefer Haß, Neid und Gier sind hier unbewußt am Werk.

Maudsley schrieb schon 1876: »Wenn Affekte nicht in äußerer Körpertätigkeit oder entsprechender innerlicher Geistestätigkeit entladen werden, wirken sie auf die inneren Organe und bringen deren Funktion in Unordnung. Unglück und Kummer werden durch leidenschaftliches Wehklagen und Weinen entladen, doch es ist das unaussprechliche Leid, welches das bedrückte Herz flüstert; es ist die stumme Trauer, die sich nicht in Tränen verströmen kann, die andere Organe weinen macht.« Er legt damit den Akzent auf die Affekte, ebenso wie später Lindemann (1944) auf die pathologisch verarbeitete Trauer bei psychosomatischen Krankheiten.

Wie sich Angst in Form gestörter Körperfunktion auswirken kann, hat uns Freud schon früh in seiner Arbeit »Über die Berechtigung, von der Neurasthenie einen bestimmten Symptomenkomplex als Angstneurose abzutrennen« (1895b) überzeugend gezeigt. Hier sind die Körpersymptome Äquivalente von Angstanfällen. Die dabei in Frage kommende Erregung ist eine »somatische Sexualerregung«. Die Symptome erscheinen in dieser Perspektive als »Surrogate der unterlassenen spezifischen Aktion auf die Sexualerregung«.

Ich möchte in meiner »Affekttheorie« der psychosomatischen Störungen vor allem auf leidenschaftliche Affekte abheben. Sie sind durch »starke, langanhaltende seelische Kräfte« gekennzeichnet, »die den ganzen Menschen erfassen«. Werden diese leidenschaftlichen Affekte nicht in Handlungen ausgelebt, dann besteht die Gefahr, daß die dazugehörige Erregung im Körper aufgestaut bleibt und über psychosomatische »Symptomarbeit« schließlich zu einer psychosomatischen Störung führt.

Nicht abgeführte Wut scheint dabei eine zentrale Rolle zu spielen. In der griechischen Mythologie ermordet Thantalus seinen Sohn Pelops und setzt ihn den Göttern zum Mahl vor. Agamemnon wird durch Klytämnestra und Ägist ermordet. Orest und Elektra ermorden Klytämnestra.

In den Dramen Shakespeares ermorden sich die englischen

Herrschergeschlechter der York und Lancaster im Lauf der »Rosenkriege« gegenseitig. Die Menschen der griechischen Mythologie und der Rosenkriege litten nicht an psychosomatischen Symptomen. Sie lebten ihre Affekte aus, mordeten und wurden gemordet. Wir tun das heute nicht. Der Preis dafür sind psychosomatische Charakterstörungen und Symptome. Das Symptom kann also Ersatz für einen Mord sein und erscheint unter dieser Perspektive als das geringere Übel. Damit möchte ich natürlich nicht dafür plädieren zu morden und Kriege zu führen.

Eine andere pathologische Lösung des psychosomatischen Problems wäre die Wendung der Aggression gegen sich selbst in selbstschädigenden Erkrankungen oder extrem im Suizid. Dagegen wäre das psychosomatische Symptom wieder das geringere Übel, nämlich Ersatz für Selbstmord. Das Symptom entspräche gleichsam dem Suizid eines Körperteils.

Weniger untersucht ist die desolate Wirkung nicht geäußerten Schmerzes. Janov (1975) hat darauf eine ganze Therapiemethode aufgebaut mit dem Ziel, diesen Schmerzen im nachhinein durch Herausschreien Ausdruck zu verschaffen (vgl. Damm 1995). So einfach wie dort ist die Verarbeitung von Schmerz in bestimmten »Schmerz-Schicksalen« sicher nicht zu verstehen. Neben Wut, Zorn und Groll kann jedenfalls auch ein durch Schreien (Urschreitherapie) nicht mehr abgeführter *Schmerz* entweder auf dem Weg der psychosomatischen Charakterbildung abgewehrt oder um den Preis eines psychosomatischen Symptoms gebunden werden.

Die psychosomatische Triangulation

Im Gegensatz zum neurotisch gestörten Patienten dreht sich der Konflikt beim psychosomatisch Kranken nicht um das Dreieck Kind–Mutter–Vater, sondern um das von *Körper–Objekt–Selbst.*

Körper, Objekt und Selbst stehen zueinander in einer triangulären Beziehung. Das ist aber nicht von Anfang an so der Fall. Zunächst gehört unser Körper der Mutter. Sie hat ihn während der Schwangerschaft im Bauch, aber auch nach der Geburt entscheidet sie über Wohl und Wehe des noch nicht zu sich selbst gekommenen kleinen Wesens. Wie uns die moderne Säuglingsforschung gezeigt hat, entwickelt sich unser Selbst erst nach und nach aus Vorstufen über vorsprachliche Zwischenstufen zu einem Wesen mit einem Ahnen von sich selbst, von Affekten und von einem Körpergefühl. Hier liegen bei Menschen mit psychosomatischen Symptomen ihre Störungen begründet. Um sie besser verstehen zu können, müssen wir die Beziehung zwischen Objekt, Körper und Selbst näher betrachten.

Eicke (1973) spricht vom »Körper als Partner«. Als Niederschlag dieser Beziehung zum eigenen Körper bildet sich eine entsprechende *Körper-Selbst-Repräsentanz* als Teil der Selbst-Repräsentanz. Geht nun die Beziehung zum Körper verloren oder entsteht sie überhaupt nicht, dann bleiben wegen der engen Einheit von Körper und Affekt bestimmte »Körper-Affekt-Kerne« außerhalb der Ich-Organisation, werden nicht in die Körper-Selbst-Repräsentanz integriert und können so zum Keim einer späteren psychosomatischen Störung werden.

Obwohl der psychosomatisch Gestörte gerade im körperlichen Bereich erkrankt, hat er doch keine oder eine defizitäre Beziehung zu seinem Körper. Er hat seinen Körper gleichsam *verloren;* genauer gesagt: die Repräsentanz seines Körpers. Der Grund dafür ist, daß die in der frühen Mutter-Kind-Beziehung vorgekommenen Störungen nur eine höchst fragile Körper-Selbst-Repräsentanz mit sich brachten, die außerdem nicht hinreichend ins Ich integriert ist, sondern außerhalb der Ich-Organisation verbleibt. Um diese Körper-Selbst-Repräsentanz ist der Kranke gleichsam betrogen.

Selten jedoch ist die gesamte Körper-Selbst-Repräsentanz betroffen, sondern nur eine *Körper-Teil-Repräsentanz*. Von dieser ist der psychosomatisch Kranke gewissermaßen »amputiert«. Das davon betroffene Organ erscheint ihm dann wie ein Phantom; weil es eben nicht in die Ich-Organisation aufgenommen und daher *nicht zu ihm gehörig* ist.

Wie können wir uns das vorstellen? Von Spitz (1955/56) wissen wir, daß in früher Zeit die Mundhöhle mit ihrer gleichzeitigen äußeren und inneren Wahrnehmung als »Urhöhle« eine wichtige Rolle spielte. Hoffer (1964/65) wies auf die wichtige Beziehung zwischen Mund und Hand hin. Wir können uns nun ohne große Schwierigkeiten weitere Entwicklungsstadien denken, in denen die »Afterhöhle« und andere Organe eine wichtige Rolle in der Beziehung zwischen Mutter und Kind spielen. Grunert (1977) hat auf die Bedeutung des Bauchs in der frühen Kindheit hingewiesen und diesbezügliche archaische Körperphantasien beschrieben. Diese Phantasien sind keinesfalls identisch mit unseren später erlernten Vorstellungen über Körperfunktionen. Sie wirken aber, tief verdrängt, unbewußt weiter und spielen in der Affektgenese von psychosomatischen Symptomen eine nicht zu unterschätzende Rolle. Die Auseinandersetzung über die Frage, ob die psychosomatisch Kranken überhaupt symbolisierungs- oder phantasiefähig sind oder nicht, möchte ich dahingehend beantworten, daß es sich hier um kognitiv und sprachlich schwer zu fassende archaische Phantasien handelt, die weniger von Vorstellungen, vielmehr von Affekten bestimmt sind. Man könnte daher von »Affektphantasien« sprechen.

Neben Phantasien über die Mundhöhle, die Beziehung zwischen Mund und Hand oder über den Bauch können wir uns auch solche Affektphantasien denken, die das Herz einschließen, den Kreislauf, die Haut oder die Ausscheidungsorgane wie die Nieren mit Harnleiter und Blase oder den Darm. Affekte wie Wut sind in dieser Perspektive untrennbar mit archaischen Phantasien von Herzklopfen, -stechen oder -druck verbunden. Affekte von Gier und Neid schließen undifferenzierte Sensationen im gesamten Bereich des Magen-Darm-Kanals ein. Die Affekte Angst und Schmerz sind ebenfalls mit zahlreichen archaischen Affektphantasien verbunden, die ebenso schwer vom Patienten zu schildern wie vom Arzt zu verstehen sind.

In der gesunden Entwicklung stellen wir uns vor, daß die Mutter die körperlichen Bedürfnisse des Kindes nach Versorgtwerden ebenso befriedigt wie die nach Aktivität und Bewegung. Die Beziehung zwischen Mutter und Kind ist dann überwiegend *lustbetont.* Affekte wie Freude, aber auch Leid wegen eines unvermeidlichen Verlusts können innerhalb des symbiotischen Bandes zwischen Mutter und Kind gemeinsam verarbeitet werden.

Ist die Beziehung dagegen gestört – in der Weise, daß den Bedürfnissen des Kindes nicht oder in entgegengesetztem Sinn oder nur ambivalent entsprochen wird –, dann ist die Beziehung zwischen Mutter und Kind überwiegend *unlustbetont.* Die passiven Bedürfnisse im Sinne der »primären Liebe« (Balint 1966) bleiben dann ebenso unbefriedigt wie die Bedürfnisse im Sinne aktiven Liebens. Der als Folge derartiger Versagungen entstehende Ur-Schmerz kann dann nicht in der Beziehung aufgefangen werden. Das Kind löst sich vorzeitig aus der symbiotischen Beziehung, nimmt seinen Körper selbst zum Objekt und geht mit diesem eine pathologische symbiotische Beziehung ein. Die zuvor in der Beziehung zum pflegenden Objekt gebundenen Affekte bleiben jetzt im Körper gestaut und können allenfalls in Form einer Art Ur-Wut motorisch durch Schreien, Weinen und Strampeln abreagiert werden. Dieselbe Funktion können erste psychosomatische Symptome wie Erbrechen, Rumination und Durchfall haben. Diese pathologischen Entwicklungen könnten noch vermieden werden, stünde dem Kind ein »Übergangsobjekt« im Sinn Winnicotts (1976a) zur Verfügung; ein Gesichtspunkt, den besonders Renata Gaddini (1977) betonte.

Wir können uns jetzt vorstellen, daß die aus der Pathologie der Mutter stammende gestörte Zuwendung dem Kind gegenüber, je nach dem Entwicklungsstand der Körper-Selbst-Kerne, einen Organfunktionskreis besonders trifft. So kann etwa eine ihr Kind besonders erdrückende Mutter diesem gleichsam die Luft wegnehmen und damit den Keim zu Atemstörungen legen. Eine andere Mutter mag ihr Kind in kalter und liebloser Weise so mit

Essen »vollstopfen« oder es andererseits hungern lassen, daß Funktionsstörungen im Bereich des oberen Magen-Darm-Trakts unausweichliche Folgen sind.

Damit nähern wir uns einer Art *Objektbeziehungsspezifität* psychosomatischer Krankheiten. Alexander (1951) ordnete bestimmten psychosomatischen Krankheiten spezifische Konflikte zu. Später hat Thomä (1980) dem widersprochen und für eine Unspezifität psychosomatischer Erkrankungen plädiert. Meine Ansätze für eine Objektbeziehungsspezifität werden neuerdings durch die Arbeiten von Ahrens (1997) und Eichinger (2000) wieder gestützt: Je nach der Art der erfahrenen Objektbeziehung kommt es zu spezifischen Verarbeitungen dieser Erfahrungen, die genauso, wie schon in der frühen Kindheit, auch im späteren Leben unterschiedliche Kommunikationsmuster (Küchenhoff 1994, 2000) mit sich bringen.

Um diese Vorgänge besser verstehen zu können, möchte ich jetzt auf meine Konzepte des Basiskonflikts und des »Kampfes um den Körper« eingehen.

Basiskonflikt und der Kampf um den Körper

Im Konzept des Basiskonflikts, eines fundamentalen Dilemmas am Anfang des Lebens, geht es um Sein oder Nicht-Sein (Kutter 1981). Ein malignes Introjekt, das mit destruktiver Energie aufgeladen ist, bedroht das Selbst existentiell, will es beseitigen oder zerstören. Das Selbst wehrt sich – bei den gegebenen Macht-Ohnmacht-Verhältnissen an der Basis der Entwicklung – verzweifelt gegen die Übermacht des malignen Introjekts und versucht sich zu behaupten, kämpft um sein Überleben.

Im günstigen Fall siegt es, im ungünstigen Fall kapituliert es, gibt auf und unterwirft sich. Ein Kompromiß wäre die anhaltende Auseinadersetzung zwischen den beteiligten Instanzen mit wechselndem Ausgang.

Dieses dramatische unbewußte Geschehen hat deutliche Parallelen zu den Mechanismen, wie sie bei der Depression ablaufen. Dort gibt es auch eine Bedrohung durch ein Introjekt, gefolgt von einer Identifizierung mit dem Introjekt, was auf eine Unterwerfung des Selbst unter das Introjekt hinausläuft.

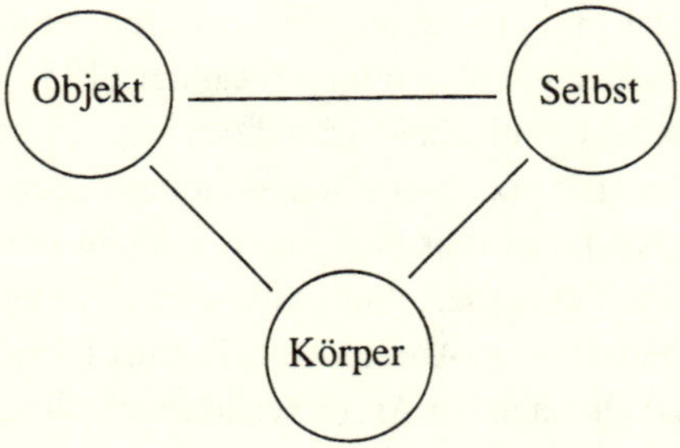

Abbildung 2: Die trianguläre Beziehung zwischen Selbst, Objekt und Körper (aus: Kutter, P., Basiskonflikt und Körperselbst in Einzel- und Gruppenanalyse. In: Bartl, G.; Pesendorfer, F. [Hg.], Strukturbildung im therapeutischen Prozeß. Wien, Literas, 1989, S. 49)

Führen wir, unserem Anliegen in diesem Buch gemäß, den Körper mit in das Geschen ein, dann gibt es theoretisch und praktisch folgende drei Konstellationen.

Mein Kind gehört mir!

Das ursprüngliche Objekt Mutter gibt den Körper nicht her, behält ihn für sich selbst, hält ihn unter ständiger Kontrolle. Wir denken an Mütter, wie wir sie aus Analysen von Patientinnen mit Anorexie, aber auch bei Patienten nach Herzinfarkt kennenlernen können, die es immer besser wissen, wann das Kind müde oder wach ist, wann und was es zu essen hat, wann und wie es seine Ausscheidungen verrichtet. Wie sich dies anfühlt, erleben wir selbst, wenn wir zum Beispiel krank geworden sind und der Arzt unseren Körper beherrscht, im Extremfall bei einer Operation. Wir sind nicht mehr Herr unseres Körpers, sondern fremdbestimmt, ganz in der Hand des Arztes, wie wir früher als Baby in der Hand der Mutter waren. In diesen Fällen ist es, in meinem

Konzept von der psychosomatischen Triangulation, zu der Trennung des Körpers aus der Mutter-Kind-Dyade nicht gekommen. Man könnte von einem Selbst ohne Körper sprechen.

Ein Körper zu zweit

Eine zweite Möglichkeit ist die, daß sich Mutter und Kind gemeinsam einen Körper teilen. Auf diese Konstellation hat J. McDougall hingewiesen in ihrem Aufsatz »Ein Körper für zwei« (1987). Es handelt sich dabei um eine pathologische Verschmelzungsphantasie nach einer psychosomatischen Regression, die letztlich auf etwas Ähnliches hinausläuft, was ich mit der nicht vollzogenen psychosomatischen Triangulation meine, wenn die Frage gestellt wird »wem gehört dieser Körper?«, oder in der Reaktivierung des pathologischen Erlebens in der Übertragung auf die Analytikerin (»was haben Sie mit meiner Haut gemacht?«) zutage tritt. Mutter und Körper sind gleichsam ungetrennt. Ein Selbst existiert zwar, der zu diesem Selbst gehörende Körper wird aber als ungetrennt von der Mutter erlebt.

Abgespaltene Körperbereiche

Eine weitere pathologische Möglichkeit ist die, daß ganz bestimmte Bereiche des Körpers dem eigenen Selbsterleben nicht zur Verfügung stehen, weil diese Körperbereiche nicht in das Körper-Selbst integriert werden konnten. Solche Körperbereiche können ganze Organsysteme sein wie beispielsweise die Atmung. So können wir uns das Entstehen eines Asthma bronchiale als psychosomatische Erkrankung so vorstellen, daß hier das Atmungssystem nicht Teil des Körper-Selbst geworden ist, weil es in der Kindheit von der Mutter beherrscht wurde. Dasselbe kann mit der Haut passieren. An psychosomatischen Hauterkrankungen leidende Patienten erleben ihre Haut auch als nicht ihnen gehörend, sondern fremd. Die Analyse ergibt dann, daß die Haut in der frühen Mutter-Kind-Beziehung eine große Rolle gespielt hat, sie aus in der Mutter liegenden inneren Gründen entweder über- oder unterstimuliert worden war.

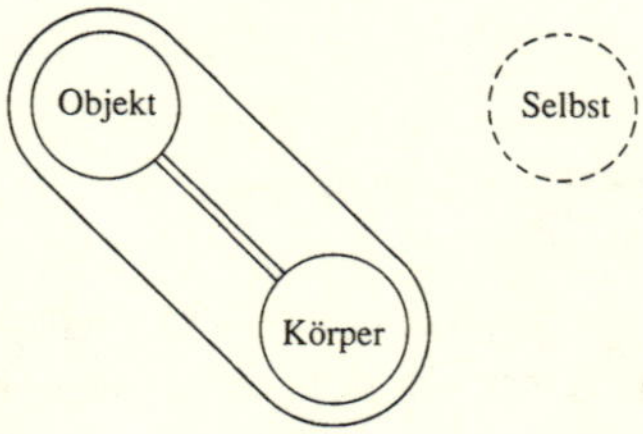

Konstellation 1: Objekt und Körper sind in enger Verbindung; das Selbst ist noch wenig konturiert.

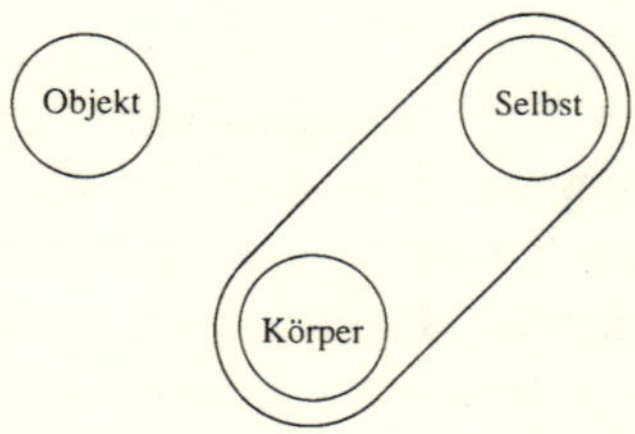

Konstellation 2: Objekt gibt Körper frei, und Selbst kann Körper in Besitz nehmen.

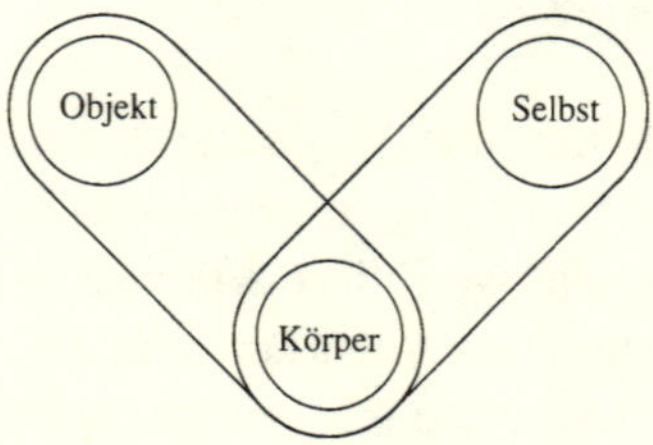

Konstellation 3: Der »Kampf« zwischen internalisiertem Objekt (Introjekt) und Selbst um den Körper.

Abbildung 3: Die Beziehung zwischen Objekt, Selbst und Körper: Drei unterschiedliche Konstellationen im »Kampf um den Körper« (aus: Kutter, P., Basiskonflikt und Körperselbst in Einzel- und Gruppenanalyse. In: Bartl, G.; Pesendorfer, F. [Hg.], Strukturbildung im therapeutischen Prozeß. Wien, Literas, 1989, S. 52)

Die gesunde Entwicklung wäre die, daß sich das Baby den Körper in wachsender Selbstbestimmung zunehmend aneignet und als ihm gehörend in Besitz nimmt. Diese gesunde Entwicklung wird erleichtert, wenn die Mutter ihrerseits den Körper ihres Kindes zunehmend freigibt, ihre Fremdbestimmung über den kindlichen Körpers aufgibt und diesem mehr und mehr dem sich entwickelnden Selbst des Kindes überläßt. Ein weiterer, die gesunde Entwicklung begünstigender Umstand ist die Tatsache, daß die dritte Person im Bunde, der Vater seinerseits, die Szene betritt und die enge Beziehung zwischen Mutter und Körper des Kindes als störender Dritter aufbricht; das wäre die sogenannte frühe Triangulation, früh deswegen, weil sie vor dem klassischen Ödipus-Komplex stattfindet (Abelin 1975; Rotmann 1978).

Für die weitere Entwicklung des Körpererlebens in Richtung auf ein gesundes Körper-Selbst, ein Gefühl von mir selbst als Mensch aus Fleisch und Blut, sind viele Selbsterfahrungen erforderlich, die in vielen Objektbeziehungen die körperliche Dimension ebenso einschließen wie die damit verbundenen Affekte, Freude, Wut, Haß, Trauer, Schuld- und Schamgefühle.

Eine optimale Einstimmung der Umgebung in die physiologischen und psychologischen Bedürfnisse des heranwachsenden Kindes fördert dabei wachsende positive Selbst- und Körper-Bilder. Negative Erfahrungen, womöglich mit Traumatisierungen oder Defiziten in der Befriedigung elementar notwendiger Bedürfnisse, führen dagegen zu negativ besetzten Selbst- und Körper-Bildern. Dabei kann nur *das* schließlich angeeignet werden und in das Selbstbild aufgenommen werden, was zuvor mit einem überwiegend guten Objekt gemeinsam »geteilt« worden war (Köhler 1998, S. 32).

Das Körperbild entwickelt sich aus archaischen Organ-Objektbildern im Lauf der Separations- und Individuationsphase, parallel mit der prägenitalen Phase in engem Zusammenhang mit Körpererfahrungen in einer gemeinsamen Beziehung mit der Mutter, dem Vater und zunehmenden Eigenerfahrungen etwa beim ersten selbständigen Heben des Kopfes, beim ersten

Aufrichten des Körpers, beim ersten selbständigen Weggehen des Kindes von der Mutter und Wiederzurückkommen; der berühmten Wiederannäherungsphase im Sinn von Mahler, Pine und Bergman (1980).

Die psychoanalytischen Modelle von Selbst- und Körper-Bild wurden weiter differenziert von Plassmann (1993), der mit Artefakt-Patienten psychoanalytisch arbeitete. Hier konnte er im Körper-Bild »Löcher, Höhlen, Kaltes, Unbewegtes« als »das Tote im Körper« ebenso beschreiben wie »Öffnungen, Spalten, Wunden« als »der entgrenzte Körper« neben einem »gespaltenen« und »entwerteten Körper«. Dabei handelt es sich um »pathologische Phantasiebildungen ... als narzißtische Zonen im Körper-Selbst« (S. 272). Das sind »Strukturstörungen im Körper-Selbst« die »zu Abwehrzwecken« eingesetzt werden und sich in »pathologische Organwelten verwandeln«. Der Körper wird dabei zu einem »Ersatzobjekt im Sinne eines Übergangsobjektes« (S. 275).

Küchenhoff integrierte kürzlich die verwirrende Vielfalt der Konzepte über die seelische Entstehung körperlicher Symptome bei psychosomatischen Erkrankungen in ein klares Schema von vier verschiedenen Formen der »Körperinszenierung« (Küchenhoff 2000). Dabei erscheinen Körpersymptome als Symbole bei der Konversion klassisch-hysterischer Störungen, bei der Aktualneurose als Index eines aktuellen Triebstaus, auf der Ebene der Grundstörung (identisch mit meiner Ebene des Basiskonflikts) als Ikone beziehungsweise als »Verwerfung« der Kommunikation.

Psychoanalyse und Körpertherapie – Gemeinsam oder getrennt?

> Wie der Erwachsene den Tanz, so erlebt der Säugling seine soziale Welt in erster Linie als Welt der Vitalitätsaffekte.
> Daniel Stern 1992, S. 87

Psychoanalyse

Sage keiner, daß in der Psychoanalyse neben Sprechen und Hören nicht auch affektgeladene Bewegungen stattfänden, wenn auch im übertragenen Sinn des Wortes: Da gibt es ein Auf und Ab, da bewegt man sich auf der Stelle, kommt gut voran, manchmal schnell, manchmal langsam; zuweilen fallen einem mit einem Schlag die Schuppen von den Augen.

Für manche ist der Weg das Ziel, während andere folgende Ziele definieren: Unbewußtes bewußt machen, die Kindheitsamnesie aufheben, verdrängte Affekte wiederbeleben, ungelöste Konflikte im nachhinein lösen und eine sogenannte Übertragungsneurose entfalten lassen und diese ausschließlich durch Interpretation der Übertragungsneurose auflösen. Wir wissen aus Freuds Aufsatz »Erinnern, Wiederholen, Durcharbeiten« (1914b), daß der Wiederholungszwang auch in der Analyse deswegen vorkommt, weil es dort analysiert werden kann. Wird nicht erinnert, dann wird unbewußt wiederholt. Das unverarbeitete Unbewußte kann dann durchgearbeitet werden.

Während der Analytiker dem Patienten zuhört, »bewegt« sich dieser durch das Reich seiner Phantasien. Vielleicht träumt er auch, erinnert diese Träume und kann sie dem Analytiker erzählen. Jetzt »bewegen« sich beide beteiligten Personen auf die Sinnfindung hin. Wenn sie schon die persönliche Lebens- oder Krankengeschichte nicht rekonstruieren wollen, so konstruieren sie eine Geschichte, wie es hätte sein können oder wie man gewünscht hätte, daß es gewesen wäre. Dabei schwebt der Analytiker in »gleichschwebender Aufmerksamkeit« (Freud 1912, S. 377) in der Phantasiewelt seines Patienten und erkennt manches darin, was ihm aus dem eigenen Leben, in der psychoanalytischen Theorie oder aus seiner Lehranalyse schon einmal begegnet ist, was ihn »bewegt« , was er versteht und was er schließlich dem Patienten auch mitteilen kann.

Glaube keiner, daß die Psycho-Analyse, also die Analyse der Psyche, eine reine Sprachanalyse wäre: Vieles spielt sich ohne Worte ab. Es ist wie bei den Liedern ohne Worte. Ist man eingestimmt, versteht man die Botschaft auch ohne Sprache. Man hat in der Psychoanalyse immer schon hinter dem Manifesten das Latente gesucht, das Verborgene zwischen den Zeilen. Man hat auch immer schon, ohne es bewußt zu wissen, Mimik, Gestik und Haltung des Patienten registriert und wahrgenommen, ob er oder sie nun total verkrampft, wie leblos oder wie ein Baby strampelnd auf der Couch liegt – schon lange vor den Ergebnissen der Säuglingsforschung. So war mir schon immer klar gewesen, daß die berühmt-berüchtigte sogenannte psychoanalytische Situation mit Sessel und Couch durch den fehlenden Blickkontakt nicht nur die Phantasie beflügelt und vom Boden der Realität abheben läßt, sondern daß sie eigentlich der Anordnung eines im Bettchen liegenden Säuglings mit der am Kopfende sitzenden Mutter entspricht. Nur neigten die Psychoanalytiker aus Freuds Erfahrungen mit seinen an Hysterie und am Fin de siècle leidenden Patientinnen dazu, viel eher das Verführerische daran zu sehen. Lotte Lenia singt im »Barbarasong« der Dreigroschenoper von Berthold Brecht und Kurt Weil: »Da behielt ich meinen Kopf nicht oben, ja da muß man sich doch einfach hinlegen, ja da kann man doch nicht so kalt und herzlos sein«.

Hier gibt es oft Mißverständnisse, wenn sich etwa eine Patientin auf der »Sprache der Zärtlichkeit« (Ferenczi 1933) bewegt, während der Analytiker die »Sprache der Leidenschaftlichkeit« erwartet oder umgekehrt. Sie kommen um so eher vor, wenn doppelte Botschaften ausgesendet werden und wenn der Analytiker nicht weiß, was davon nun Wunsch und was Abwehr ist. Er kann dann leicht in die Falle tappen, wenn er zum Beispiel die tatsächlich vorhandenen, der Patientin aber unbewußten Wünsche, verführt zu werden, aufgreift und anspricht, während die Patientin sich auf der Abwehrseite bewegt und vielleicht kokett kontert »wie kommen Sie darauf?«. Hier gibt es also leicht kreuz-modale Mißverständnisse, wenn zum Beispiel ein verführerisches Augenzwinkern, also ein Signal auf der Ebene der Körpersprache, nicht wahrgenommen und nur die gesprochene Botschaft beachtet wird.

Körpertherapie

Zur Körpertherapie gehören alle Methoden, die mit dem Körper therapeutisch arbeiten. Sie ergänzen die auf Phantasie und Sprache begrenzte Psychoanalyse effektiv. Wir wollen sie nacheinander anschauen, um sie dann auf ihre Vor- und Nachteile im Hinblick auf die Therapie seelischer Störungen einzuschätzen.

Da wäre zuerst die *Konzentrative Bewegungstherapie* (Becker 1981; Stolze 1984) zu nennen. Bei ihr handelt es sich um einen ernst zu nehmenden Versuch, vom Körper her orientierte Entspannungsübungen und gymnastische Aktivitäten durch psychoanalytische Elemente anzureichern. Dieser Integrationsversuch von Psychoanalyse und Körpertherapie ist zweifellos gelungen und bewährt sich Tag für Tag in Psychosomatischen Kliniken.

Nicht weniger häufig wird heute das *Autogene Training* angewandt, eine Methode, die es ermöglicht, sich nicht nur körperlich zu entspannen, sondern auch seinen Körper dabei besser kennenzulernen. Dabei kann das Autogene Training durch die Psychoanalyse ebenso bereichert werden wie die Psychoanalyse durch die Körpertherapie.

Die *Funktionelle Entspannung* (Fuchs 1989) konzentriert sich besonders auf das Atmen als einen Weg, zu erfahren, wie wir unbewußt mit unserem Körper umgehen. Wir erfahren dadurch etwas von Spannung oder Entspannung, von Rhythmus, Körperhaltung und Körperempfindungen in allen Teilen unseres Körpers.

Auch *Sport* kann zu therapeutischen Zwecken eingesetzt werden. Wie jeder Sportler oder Sportlehrer bestätigen kann, wirken sich Erfolgserlebnisse im Sport unmittelbar auf das Selbstbewußtsein und Wohlbefinden aus. Dasselbe gilt für sportliche Mißerfolge. Wurde zum Beispiel die Latte im Hochsprung gerissen und muß sie deswegen niedriger angesetzt werden, dann empfindet der betreffende Sportler dies nicht nur als ein körperliches Unvermögen, sondern er glaubt nun, daß er auch seelisch und geistig weniger hoch springen kann und sich mit weniger begnügen muß. Nach verlorenen Wettkämpfen kommt es genau so wie auf geistigem Gebiet entweder zu narzißtischem Rückzug oder zu narzißtischer Wut, was jeder bei den Fans eines Fußballvereins nach einem verlorenen Spiel beobachten kann. Die Zuschauer identifizieren sich mit ihren Idolen und freuen sich ebenso an deren Siegen wie sie an deren Niederlagen leiden. Im Sport ist nicht nur die individuelle Bewegung wichtig, sondern das gemeinsame Bewegen im Sportspiel wie zum Beispiel Fuß-, Hand- oder Basketball. Hier kommt es auf instinktives Erfassen der Gesamtsituation an, auf intuitiv richtiges Aufeinandereingehen, soll ein Ball über wechselnde Pässe, geschicktes Abwehrspiel und Aufeinander-zu-Spielen schließlich im Tor landen.

Am interessantesten sind wohl die Möglichkeiten der *Tanztherapie* für die Psychotherapie, besonders bei Körperstörungen jeder Art, nicht nur bei psychosomatischen Krankheiten (Trautmann-Voigt u. Voigt 1997). Dabei wird zum Beispiel beim Paartanz nicht nur auf die Körperbewegung der Tanzenden geachtet, sondern auch auf die averbale Kommunikation zwischen ihnen, auf das zwischenmenschliche Zusammenspiel: wer führt und wer geführt wird und ob es dabei zu Führungskämpfen kommt.

Tanz ist als Therapie relativ jung. Tanz hat jedoch seit jeher heilende Funktion. Dabei lassen sich zwei Richtungen voneinander unterscheiden:

- das Nutzen der leiblichen Dimension zur Selbsterfahrung und zur Erweiterung der körperlichen Wahrnehmung in Richtung auf größere Ausdrucksfähigkeit (von Laban 1982);
- das Ziel, sich im Körper abspielende persönliche Konflikte auf nonverbaler und auch auf verbaler Ebene aufzuspüren und womöglich zu lösen.

Dabei wird mit freier Improvisation gearbeitet. Kreativität und Phantasie werden nonverbal, das heißt direkt in Handlung umgesetzt (Probehandeln). Seelische Themen werden gleichsam »verkörpert«. Die tänzerische Arbeit mit Symbolen und abstrakten Formen führt dann von der persönlichen zur transpersonalen Ebene. So kann eine Frau die persönliche Mutter tanzen und anschließend das mütterliche Prinzip tanzend durchleben, um bislang unentfaltete Möglichkeiten zu entwickeln. Die unbewußte Übertragung spielt insofern eine Rolle, als sie von der Tanztherapeutin wahrgenommen wird und auf der Handlungsebene für neue Erfahrungen genutzt werden kann. Die Therapeutin ist in direkter Interaktion mit der Patientin, wobei sie die Gegenübertragung körperlich spürt und auswertet.

Ich kann diesen Band nicht beschließen, ohne auch auf die Probleme einzugehen, die sich dann ergeben, wenn plötzlich der Körper in der Psychoanalyse mitreagiert. Umgekehrt können in der Körpertherapie ungeahnte Affekte wie Wut, Trauer die gewohnte Arbeit erschweren.

Probleme der Psychoanalyse mit dem Körper

Mit Phantasien und Affekten haben Psychoanalytiker in der Regel keine Probleme. Sie sind deren ureigenster Gegenstand. Die körperliche Ebene dagegen ist definitionsgemäß während des psychoanalytischen Prozesses ausgeschlossen. Außerdem gilt das Gebot der Neutralität. Körperliche Berührung beschränkt sich auf die konventionelle rituelle Begrüßung und Verabschiedung.

Sexualität und Liebe sind dem Psychoanalytiker vertraut. Er

sollte locker damit umgehen können – in Phantasie und Sprache. Wie sonst sollte ein neurotisch verklemmter Patient je lernen, seine Ängste vor Sexualität und Liebe zu überwinden? Dabei wird der Analytiker seine psychoanalytische Haltung und seine professionelle Rolle nie aus dem Auge verlieren.

Was aber geschieht, wenn sich plötzlich der Körper bemerkbar macht, etwa durch eine Erektion des Patienten bei seiner Analytikerin, oder eine attraktive Patientin steht unerwartet auf und will ihren Therapeuten umarmen?

Einerseits will Psychoanalyse helfen, verklemmte Sexualität zu befreien. Andererseits muß sie, wegen der Gefahr des sexuellen Mißbrauchs, Sexualität kontrollieren. »Sex als Therapie« (Shepard 1973) kommt hier nicht in Frage. Der Analytiker wird die Avancen seiner attraktiven Patientin nicht brüsk abweisen, aber auch nicht erwidern und über die Sprache die entstandene Re-Inszenierung psychoanalytisch deuten; etwa im folgenden Sinn:

»Ihre Sehnsucht ist so groß, daß Sie sie nicht mehr steuern können. Sie möchten, daß ich sie erfülle. Ich spüre Ihre Sehnsucht. Ihre Wünsche nach Erfüllung sind verständlich und auch berechtigt. Aber Sie wissen auch, daß das hier nicht sein kann. Sie und ich haben einen Vertrag geschlossen, daß das Ziel die Analyse ihrer Wünsche und Ängste ist, und nicht ihre Erfüllung.« Mit Deutungen wie dieser kann der Psychoanalytiker einerseits Sexualität bejahen, und damit an deren Befreiung mitwirken, sich und seine Patientin aber andererseits vor einer konkreten sexuellen Begegnung schützen. Dazu gehört freilich auch ein Verständnis für die narzißtische Kränkung, für Schmerz und Trauer, die mit der Nicht-Erfüllung der erotischen Wünsche auf körperlicher Ebene verbunden sind. Beide Seiten können darin sogar übereinstimmen. Sie haben damit die Möglichkeit der Erfüllung einer sexuell-erotischen Erfahrung verloren, aber die Analyse neu gewonnen.

Bei Patienten mit sexuellen Störungen zeigt sich unbewußt die Art dieser Störung in der Art der körperlichen Interaktion. Mir fiel beispielsweise das schlaffe, zögerliche Verhalten von an Impotenz leidenden Männern besonders in der psychoanalytischen Gruppentherapie auf. Ein anderer, der sich meistens zurückhielt, wurde bei der Thematisierung sexueller Themen in der Gruppe plötzlich ganz aufgeregt, zog schnell die Aufmerksamkeit auf sich, um ebenso schnell in seine frühere Passivität zurückzufallen. Die daraufhin vermutete Ejaculation praecox hat sich später bestätigt.

In der Behandlung von Patienten mit manifesten Perversionen kann der Umgang mit der Re-Inszenierung während des psychoanalytischen Prozesses schwierig werden. Die perversen Wünsche verlangen unmittelbare Befriedigung. Aber auch sie müssen nicht körperlich ausgelebt werden, sondern können statt dessen analysiert werden. Im Schutz des therapeutischen Rahmens kommen sie zur Sprache und können zugunsten einer freieren kreativen Verfügung in die Persönlichkeit integriert werden.

Was aber geschieht nun, wenn Sexualität, Liebe und Leidenschaft im Rahmen der konkreten Arbeit mit dem Körper auftreten? Sind die Körper auch so frei wie die Gedanken? Werden hier die Versuchungen nicht so groß, daß wir ihnen leichter erliegen als in der Psychoanalyse? Werden hier nicht Grenzen überschritten, die die Psychoanalyse mit ihrer Neutralitätsregel gebannt hält? Herrscht hier womöglich das pure Chaos? Hier werden die meisten Therapeuten, die mit körpertherapeutischen Verfahren arbeiten, mit mir übereinstimmen, wenn ich feststelle: In den Bereichen Nähe und Zärtlichkeit kennen wir uns gut aus. Hier haben wir wenig Probleme.

Kompliziert kann die Situation aber werden, wenn in die Psychoanalyse Methoden einbezogen werden, mit denen direkt am oder mit dem Körper gearbeitet wird. Angst vor Sexualisierung kommt bei denjenigen Analytikern leicht auf, die keine Erfahrungen mit Körpertherapie haben. Die eine Gefahr entsteht, wenn Sexualität und Liebe durch eine Patientin in die professionelle Beziehung zum Therapeuten gelangt, die andere, wenn der Therapeut der Urheber der Komplizierung selbst ist.

Zunächst zur ersten Gefahr: Es gibt hysterisch strukturierte Patientinnen, bei denen das Sexuelle von den Ich-Funktionen abgespalten ist. Sie verhalten sich körperlich sexuell, aber aus Abwehrgründen. Hinter ihrem manifest sexuellen Verhalten suchen sie latent Liebe und Anerkennung. Wird dann die sexualisierte Abwehr für bare Münze genommen, kann der Therapeut in eine fatale Falle geraten. Ist er psychoanalytisch hinreichend erfahren, dann kann er das sich körperlich zeigende Sexuelle in der körperanalytischen Situation ebenso meistern wie der Analytiker in der klassischen psychoanalytischen Situation. Auch hier bietet die Neutralitätsregel und die Professionalität der körperanalytischen Arbeit einen genügend sicheren Schutz: Die sexualisierte Abwehr wird erkannt und analysiert, womit der Weg zu den abgewehrten Bedürfnissen nach Liebe, im Sinn von endlich anerkannt zu werden, frei wird.

Nun zur zweiten Gefahr, wenn Sexualität und Liebe durch den Therapeuten ins Spiel kommen; mag das nun bewußt geschehen oder zunächst unbewußt.

Tilman Moser (1992) gesteht offen, daß es in der praktischen körperanalytischen Arbeit Situationen geben kann, die den Psychoanalytiker erregen und sogar eine Erektion auslösen können. Damit ist das Sexuelle nicht nur auf der Ebene der Phantasie aktiviert, wie im klassischen psychoanalytischen Prozeß, es ist unmittelbar körperlich präsent, und zwar als körperliche Erregung der entsprechenden erogenen Zone. Wie kann man damit umgehen?

Zunächst kommt es darauf an, die Sprache der Leidenschaft und der Sprache der Zärtlichkeit (Ferenczi 1932) voneinander zu unterscheiden. Ich erinnere daran, wie Sexualität durch Nähe und Zärtlichkeit ebenso abgewehrt werden kann, wie Nähe und Zärtlichkeit durch Sexualität.

Dann wird es darauf ankommen, die Anteile der Gegenübertragungsliebe von möglichen eigenen, unabhängig von der Übertragungsliebe der Patientin ins Spiel geratenen Gefühle der Liebe und Leidenschaft abzugrenzen.

Eine 30jährige attraktive Frau kommt in Analyse, und es stellt sich nach Überwindung initialer Widerstände heraus, daß sie noch keine sexuellen Erfahrungen gemacht hat (»Virginität in der Ehe« oder »Dornröschensyndrom«, Friedman 1963). Der Grund ist eine unerklärliche Angst vor Männern. Sie ist gläubige Katholikin und findet die Welt schlecht. In den Sitzungen geht es lange Zeit um Glaubensfragen. Dahinter verbirgt sich ein typisch ödipaler Konflikt zwischen Liebe zum Vater und Ablösung von ihm. Dann kommen Schuldgefühle und Strafängste und schließlich die dahinter verborgenen sexuelle Phantasien zur Sprache. Sie machen sich auch in Übertragung und Gegenübertragung bemerkbar, lassen sich aber im Schutz der Supervision kontrollieren.

Während eines Urlaubs in Italien kommt es zu ersten sexuellen Kontakten mit einem Mann. Die Patientin spricht mit ihrem Therapeuten darüber. Reaktion bei der Patientin: »Ich wollte Romantik, er wollte nur das eine. Das Schöne ist weg.«

Nachdem das Sexuelle in der Außenbeziehung stattfand, kann der Therapeut ebenso die Wünsche nach romantischer Liebe wie die Ängste vor dem Sexuellen einschließlich der Übertragungs- und Gegenübertragungsebene gut bearbeiten.

Hier fand die neue Erfahrung außerhalb des psychoanalytischen Rahmens statt. Innerhalb des Rahmens konnte sie analysiert und integriert werden. Die Patientin konnte im Interesse ihrer weiblichen Entwicklung erfahren, daß der Therapeut für sie verfügbar war und sie in ihrer romantischen präödipalen Liebe, im Gegensatz zum Vater, ernst nahm. Darüber hinaus konnte die Patientin erfahren, daß ihre exogamen sexuellen Wünsche nicht, wie in der Vaterübertragung gefürchtet, vom Therapeuten verdammt, sondern akzeptiert wurden.

Zu einem ernsten Problem wird der Körper in der Psychoanalyse aber dann, wenn sich der Therapeut in seine Patientin verliebt. Würde der Therapeut – in unserem obigen Beispiel Tilman Moser und der Therapeut mit der hübschen Italienerin – zu dem Schluß kommen, daß die sexuelle Erregung unmittelbar in die Beziehung eines erwachsenen Mannes zu einer erwachsenen Frau gehören und keine Reflexe von infantilen Übertragungen und Gegenübertragungen sind, dann wäre das Zulassen von Sexualität und Liebe im Rahmen einer Therapie innerhalb der analytischen Situation ein eklatanter Bruch des Arbeitsbündnisses und des vor Beginn der analytischen Arbeit geschlossenen Vertrags. Sexuelle Handlungen sind sowohl durch die professionelle Ethik als auch durch das Gesetz verboten.

Bis zur endgültigen Klärung ihrer Gefühle können die in Liebe und Leidenschaft verstrickten beiden Personen versuchen, aus stringent psychoanalytischer Sicht mit der Neutralitätsregel als Kriterium, einen Ausweg aus dem Dilemma zwischen Übertragungsliebe, Gegenübertragungsliebe und echter Liebe zu finden.

Im Fall übertragener Liebe kann der Analytiker beispielsweise sagen: Ich kann mir sehr gut denken, daß Sie und ich auch sexuell zusammenkommen. Das verbietet aber unser Arbeitsbündnis. Ihr Bedürfnis ist aber verständlich und auch berechtigt. Zum Menschsein gehört auch das Sexuelle. Wichtiger und wertvoller als die Erfüllung Ihres sexuellen Wunsches ist aber das Ziel der Analyse. Freud formulierte apodiktisch: »Sie hat von ihm (dem Analytiker; der Verf.) die Überwindung des Lustprinzips zu lernen, den Verzicht auf eine naheliegende, aber sozial nicht eingeordnete Befriedigung zugunsten einer entfernteren, vielleicht überhaupt unsicheren, aber psychologisch wie sozial untadeligen« (1915b, S. 319). Was hier für die Patientin gesagt ist, trifft um so mehr für den Analytiker zu. Er muß vorher in seiner Lehranalyse gelernt haben, daß in seiner täglichen Arbeit das Realitätsprinzip und nicht das Lustprinzip gilt.

Kommt er zu dem Ergebnis, daß er seine Gegenübertragungsgefühle hinreichend analysiert hat und daß seine Liebe mit der Übertragungsliebe der attraktiven Patientin nichts zu tun hat, vielmehr unabhängig davon in ihm entstanden ist wie in der Wirklichkeit privaten Lebens, dann müßte die Analyse konsequenterweise zugunsten der realen Liebe beendet werden.

Die Übertragungsebene von der realen Ebene zu unterscheiden kann schwierig sein. Beide Möglichkeiten müßten jeweils daraufhin überprüft werden, ob sie nun wirksam sind oder nicht. Werden Übertragung und Gegenübertragung auf beiden Seiten angemessen analysiert und auf ihre Ursprünge zurückgeführt, müßten sie sich logischerweise auflösen. Was bleibt, wäre dann reale Sexualität – mit oder ohne Liebe. Die beiden beteiligten Personen könnten sich dann gegen die Psychoanalyse und für das Sexuelle entscheiden oder umgekehrt.

Problematisch kann auch der Umgang mit der Aggressivität in

der Psychoanalyse werden. Aggressive Phantasien und die diese begleitenden Affekte sind wiederum in der Regel kein Problem. Wenn sich aber Haß, Wut und Zorn körperlich äußern, dann kann die psychoanalytische Situation, genau wie im Fall körperlicher Äußerungen von Sexualität, durchaus problematisch werden: Einen bösen Friedrich wie im »Struwelpeter« wünscht sich kein Analytiker in der Stunde, desgleichen körperliche Attacken, wie sie in der Therapie von Kindern und Jugendlichen eher vorkommen. Dabei ist das »Dampf ablassen«, das Äußern von Wut in jeder Form, entlastend: ein reinigendes Gewitter. Man kann immerhin nach der Stunde seine Wut hinausschreien (bei der Primärtherapie sogar in der Therapie) oder sie körperlich abreagieren, zum Beispiel durch Holzhacken. Kampfspiele im Sport – nicht nur Boxen oder Ringen – eignen sich desgleichen. Künstlerisches Gestalten wäre sogar ein sehr kreative Lösung angestauter Aggressionen, zum Beispiel Holz schnitzen, Steine hauen. In der Psychotherapeutischen Klinik Stuttgart-Sonnenberg wird dies gezielt genutzt (Kurz 2000).

Probleme der Körpertherapie mit den Affekten

Zu große Bedürfnisse nach Nähe und Zärtlichkeit können auch in der Arbeit mit dem Körper Ängste beim Körpertherapeuten auslösen. Sie können *vor* der eigentlichen körpertherapeutischen Behandlung wie in der Psychoanalyse analysiert werden. Die meisten Körpertherapeuten haben eine entsprechende psychoanalytische Weiterbildung absolviert. Sie wissen dann, daß Nähe und Zärtlichkeit ebenso durch Sexualität abgewehrt werden kann wie Sexualität durch Nähe und Zärtlichkeit. Meiner Erfahrung nach gibt es tatsächlich zahlreiche Nähe-Ängste, die nichts mit Sexualität zu tun haben, die vielmehr mit früh gemachten traumatischen Erfahrungen in der Mutter-Kind-Beziehung zusammenhängen. Körpertherapeuten haben das Manko der Psychoanalyse im Bereich von Nähe und Zärtlichkeit früh erkannt und deswegen die kontrollierte Berührung gezielt in ihre therapeutischen Verfahren einbezogen. In allen ihren Verfahren kommt Berührung vor und wird als ausgesprochen heilsam bezeichnet (Heisterkamp 1993; Hoffmann-Axthelm 1991; Geißler 1998). Die Analyse der vielseitigen unbewußten Bedeutungen dieser oder jener Berührung wird dagegen in der Körpertherapie, meinem Eindruck nach, oft vernachlässigt.

Bei Tanz, Rhythmik und im Sport ist die Arbeit am und mit dem Körper eindeutig. Dasselbe gilt für das Autogene Training, für die Konzentrative Bewegungstherapie oder für die Funktionelle Entspannung; alles Methoden, die in psychotherapeutischen Kliniken, meist mit Bezug zur Psychoanalyse, angewendet werden. Auch wenn gerade beim Tanz das Sexuelle und die Liebe leicht ins Spiel kommen, wird dadurch die professionelle Arbeit selten kompliziert.

Ein weiterer Grund für Ängste beim Körpertherapeuten können plötzlich freigesetzte Affekte sein. Ein Patient wird wütend, ein anderer fängt vor Angst an zu zittern, wieder ein anderer weint aus unerklärlichen Gründen. Jetzt wird es darauf ankommen, die entstandene Situation in einem guten Arbeitsbündnis möglichst weitgehend psychoanalytisch zu verstehen. Deswegen ist in Ergänzung zur Körpertherapie eine psychoanalytische Zusatzqualifikation dringend geboten. Ist das nicht möglich, kann ein Psychoanalytiker hinzugezogen werden.

Was aber passiert, wenn das Sexuelle direkt in die körperanalytische Arbeit kommt? Dann wird die körperanalytische Arbeit noch schwieriger als sie, verglichen mit der klassischen Analyse, ohnehin schon ist. Jetzt geht es nicht nur um die Berücksichtigung des Körperlichen an sich, sondern um das sexuelle Körperliche, um die erogene Zone im engeren Sinn. Hier wird die Arbeit erst richtig brisant und gefährlich.

Ist auf der unbewußten Ebene der Phantasien eine ödipale Konstellation reaktiviert, dann wäre eine Berührung in diesem ödipal aufgeladenen Kontext kontraindiziert, denn sie würde eine konkret inzestuöse Situation heraufbeschwören. Angezeigt wäre vielmehr die konsequente Analyse der in der reaktivierten ödipalen Konstellation vorherrschenden Übertragung und Gegenübertragung.

Wird die entstandene ödipale Konstellation noch durch eine sexuelle Erregung kompliziert, sei es, daß diese wie in dem von Moser berichteten Fall im Analytiker entsteht, sei es, daß sie der Patientin widerfährt, und würde die jeweils andere Person ebenfalls mit einer Erregung reagieren, dann wäre die Inzestsituation komplett gegeben. Der Übergriff wäre Realität geworden und ein strafbarer Tatbestand geschaffen.

Eine Lösung des Problems für die körperanalytische Therapie wäre es, daß von vorne herein vertraglich festgelegt wird: Erwachsene Sexualität bleibt ausgeschlossen. Auch in der körperanalytischen Therapie kann schon zu Beginn vereinbart werden: »Keine Sexualität«. Das heißt: Körperliche Berührung ist möglich, sie schließt aber die Genitalregion als erogene Zone dezidiert aus. Dazu kann in genuin psychoanalytischer Perspektive vereinbart werden , daß vor jeder therapeutisch intendierten Berührung deren unbewußte Bedeutung analysiert werden muß (diesbezügliche Wünsche, Ängste, Abwehrmodi).

Im Rahmen der ebenso fall- wie institutionsbezogenen Supervision der psychotherapeutischen Klinik Bad Herrenalb lernte ich eine von Casriels (1975) Gruppenarbeit mit Drogenabhängigen ausgehende körperanalytische Methode kennen, das sogenannte »Bonding« (Oppl 1998): Die Patienten legen sich in der Gruppe paarweise auf eine Matte, und zwar so, daß jeweils einer unten und einer oben liegt; zweifellos eine Situation, bei der leicht sexuelle Empfindungen aufkommen können. Es gilt aber die Vereinbarung »keine Sexualität, keine Gewalt«. Bei den Patienten entwickeln sich meist intensive Gefühle der Nähe und Zärtlichkeit. Manche werden durch die ungewohnte Nähe übermannt, äußerlich »harte« Männer werden plötzlich »weich« und beginnen zu weinen. Manche wünschen, vom anderen gestreichelt zu werden. Die andere Person tut dies. Regen sich nicht nur zärtliche, sondern deutlich sexuelle Wünsche, dann trennt sich das Paar. Damit wird die Vereinbarung eingehalten, und es kann im Anschluß an die Übung im Rahmen einer Nachbesprechung in der Gruppe analysiert werden, was sich während des »Bonding« ereignet hat. Die meist kindlichen Wünsche nach Angenommen- und zärtlich Gestreicheltwerden können dann von den möglichen sexuellen Wünschen und Ängsten differenziert werden.

Damit kommen wir zu folgender Evaluierung der Vorteile und Nachteile von Psychoanalyse und Körpertherapie: Die Arbeit mit dem Körper ist eine echte Bereicherung der Behandlungsmöglichkeiten. Bei psychischen Störungen mit Ursachen in der frühen Mutter-Kind-Beziehung kann sie gegenüber der klassischen Psychoanalyse sogar Vorteile haben. Bei seelischen Störungen im Bereich des Sexuellen bei klassisch ödipalen Konflikten ist sie dagegen, nicht nur wegen der größeren Gefahr des sexuellen Mißbrauchs, sondern wegen der Komplizierung der Arbeitsbedingungen, eher kontraindiziert. Hier behauptet die klassische Psychoanalyse mit ihren Anwendungen in analytischer Psychotherapie und Fokaltherapie nach wie vor ihren angestammten Platz.

Aufgrund der immer vorhandenen Grenzen jedes professionellen Verfahrens können Kombinationen von Psychoanalyse und Körpertherapie neue Möglichkeiten eröffnen. Mit diesen spannenden Kombinationen möchte ich das Buch beschließen.

Eine gelungene Synthese von Psychoanalyse und Tanztherapie

Tanz kann ebenso durch Psychoanalyse ergänzt werden wie Psychoanalyse durch Tanz. Beide Methoden bleiben getrennt, ergänzen sich aber wechselseitig. Kommt es beispielsweise in der Tanztherapie zu Stagnationen, dann kann die Deutung von Übertragung und Widerstand durch einen Psychoanalytiker diese überwinden und eine Weiterentwicklung einleiten. Gerade der Wechsel zwischen gesprochener Sprache und Körpersprache ermöglicht neue Erfahrungen.

Gerät umgekehrt der psychoanalytische Prozeß ins Stocken, weil ein bestimmter innerer Konflikt auch durch noch so viele Deutungen nicht gelöst werden kann, dann kann eine ergänzende Maßnahme bei einer Tanztherapeutin eine bislang ungeahnte

Auflockerung bewirken, die ihrerseits den psychoanalytischen Prozeß wieder in Gang bringt.

Zum Schluß noch ein Auszug aus einer gelungenen Zusammenarbeit von Psychoanalytiker und Tanztherapeutin während eines Workshops auf der Tagung des Deutschen Instituts für tiefenpsychologische Tanztherapie und Ausdruckstherapie 1997 in Bonn (Hanusch u. Kutter 1998):

Die Tanztherapeutin beginnt mit einem Ausdruckstanz, der alle in seinen Bann zieht. Die Tanzimprovisation sollte provokativ den Körper gegenüber Phantasie und Affekt an die erste Stelle rücken. Nach Beendigung des Tanzes sagt der Psychoanalytiker die wenigen Worte: »Am Anfang war der Körper und der Rhythmus. Deswegen begannen wir mit dem Körper.«

Dann regt der Psychoanalytiker eine kurze Phase freier Assoziation an, in denen die Teilnehmer aktuelle Problembereiche entdecken und sich merken können.

Dann lenkt die Tanztherapeutin die Aufmerksamkeit darauf, daß alle wie üblich auf Stühlen sitzen. Sie möchte vom Sitzen und Denken zum Stehen, Laufen und Tanzen überleiten. Sie regt an, sich ruhig dem Körper zu überlassen und den sich regenden Bewegungsimpulsen zu vertrauen: Bodenkontakt, Atem, Wahrnehmung des Raums.

Dieser Anwärmphase folgen tänzerische Bewegungen und Begegnungen. Daran anschließend können die Teilnehmer ein Körperthema suchen und finden, einen Bezug zur vorausgegangenen freien Assoziation herstellen und versuchen, dabei gerade aktuelle Konflikte nicht zu umgehen. Dabei werden das tänzerische Geschehen durch entsprechende expressive Musik (Philip Glass: Mishima) gefördert.

Der Analytiker beobachtet die tanzenden Menschen aus einer gewissen Distanz: Fast alle sind selbstvergessen auf ihren Körper konzentriert, viele haben die Augen geschlossen, einige lächeln verzückt. Spontaner Einfall: »Lauter Singles.« Einige Männer werben um eine Frau dadurch, daß sie um sie herumtanzen. Sie entfernt sich. Spontaner Einfall: »Heterosexuelle Paarbeziehung ist von der Frau nicht erwünscht.«

Zwei Frauen legen sich auf den Boden und berühren sich zärtlich. Erster Einfall: »Wie eine gute Mutter-Kind-Beziehung in optimalem ›affect attunement‹«! Zweiter Einfall: »Homosexuelle Beziehungen unter Frauen sind leicht möglich.«

Vier Männer nähern sich zufällig gegenseitig. Sie lächeln, wirken aber gleichzeitig unsicher in ihren Bewegungen. Schließlich entfernen sie sich wieder voneinander. Einfall: »Homosexuelle Beziehungen unter Männern sind immer noch schwierig.«

Nach der Tanz-Phase teilt der Analytiker die gemachten Beobachtungen mit. Sie werden von den Teilnehmern bestätigt.

Während einer bestimmten Phase der Musik sieht der das tänzerische Geschehen beobachtende Analytiker, daß einige Tänzer schlagende oder stoßende Arm- und Beinbewegungen machen. Auch unter Nutzung seiner Gegenübertragung hat er eine zunehmende Aggressivität in der ganzen Gruppe registriert. Das wird bei der Nachbesprechung von mehreren Teilnehmern bestätigt. Die Gruppe bedankte sich überschwenglich bei den beiden Leitern.

Hier arbeiteten Psychoanalytiker und Tanztherapeutin im gleichen Setting zusammen. Die Tanztherapeutin bewegte sich in dem ihr vertrauten Feld ebenso wie der Psychoanalytiker in seinem. Jeder versuchte aber auch, die jeweils andere Methode innerhalb seines Systems so weit wie möglich in die eigene Methode zu integrieren und zusammen mit der ihm vertrauten eigenen Methode zusätzlich beim Patienten anzuwenden: die Tanztherapeutin die Psychoanalyse, der Psychoanalytiker die Tanztherapie.

Durch optimale Zusammenarbeit von Tanztherapeutin und Psychoanalytiker kann somit zwischen Psychoanalyse (These) und Tanz (Antithese) eine echte Synthese gelingen. Dabei scheinen eine sorgfältige Planung des Konzepts und eine gute Übereinstimmung der beiden Leiter bei voller Gleichberechtigung und ohne störende Konkurrenz wichtige Voraussetzungen für das gute Gelingen dieser Zusammenarbeit von Psychoanalytiker und Tanztherapeutin gewesen zu sein. Wiederum wird die Botschaft dieses Buches bestätigt: Affekt und Körper gehören zusammen.

Literatur

Abelin, E. L. (1975): Some further observations and comments on the earliest role of the father. Int. J. of Psycho-Anal. 56: 293–302.

Abraham, C. (1925): Psychoanalytische Studien zur Charakterbildung. Wien.

Adler, A. (1908): Der Aggressionstrieb im Leben und in der Neurose. Fortschritte der Medizin 26: 577–584.

Adorno, T.; Bettelheim, B.; Frenkel-Brunswick, E. (1969): Der autoritäre Charakter. Studien über Autorität und Vorurteil. Amsterdam.

Ahrens, S. (1997): Lehrbuch der Psychotherapeutischen Medizin. Stuttgart.

Alexander, F (1951): Psychosomatische Medizin. Grundlagen und Anwendungsgebiete. Berlin.

Alexander, J. M.; Isaacs, K. S. (1964): The function of affect. Brit. J. Med. psychol. 37: 231–237.

Amendt, G. (1992): Das Leben unerwünschter Kinder. Frankfurt a. M.

Arendt, H. (1964): Eichmann in Jerusalem. Ein Bericht von der Banalität des Bösen. München.

Ariès, P.; Bejin, A.; Foucault, M. (1984): Die Masken des Begehrens und die Metamorphosen der Sinnlichkeit. Zur Geschichte der Sexualität im Abendland. Frankfurt a. M.

Arnold, M. B. (1960): Emotions and Personality. Vol. I. New York.

Arnold, M. B. (Hg.) (1970): Feelings and Affects. New York.

Backes, W. (1996): Sex: Alles probiert – nichts kapiert? Ankündigung im SDR-Magazin, März 1996, S. 29.

Balint, M (1966): Die Urformen der Liebe und die Technik der Psychoanalyse. Stuttgart.

Becker, H. (1981): Konzentrative Bewegungstherapie. Stuttgart.

Benedict, R. (1955): Urformen der Kultur. Reinbek.

Bion, W. R. (1967): Second Thoughts. Selected papers on psycho-analysis. London.

Boeger, A.; Mantey, C. (1998): Sexuelle Erfahrungen und Einstellungen junger Erwachsener. Zeitschrift für Sexualforschung 11: 30–148.

Bollas, C. (1997): Der Schatten des Objekts. Stuttgart.

Boor, C. de (1964): Strukturunterschiede unbewußter Phantasien bei Neurose und psychosomatischen Krankheiten. Psyche 18: 664–673.

Boswell, J. (1988): The Kindness of Strangers. The Abandonment of Children in Western Europe from Late Antiquity to the Renaissance. New York.

Bowlby, J. (1973): Attachment and Loss. Vol. 2. New York.

Brähler, E. (1995): Körpererleben. Ein subjektiver Ausdruck von Körper und Seele. Gießen.

Brenner, C. (1974): On the nature and development of affects: A unified Theory. Psychoanalytic Quarterly 43: 532–566.

Brierley, M. (1938): Affects in theory and practice. Int. J. Psycho-Anal. 19: 256–268.

Browning, C. R. (1996): Ganz normale Männer. Das Reservepolizeibataillon 101 und die Endlösung in Polen. Reinbek.

Cannon, W. B. (1929): Wut. Hunger. Angst und Schmerz. Eine Physiologie der Affekte. München (Neudruck 1975).

Casriel, D. (1975): Die Wiederentdeckung des Gefühls. Schreitherapie und Gruppendynamik. München.

Castelnuovo-Tedesco, P. (1974): Toward a theory of affects. J. Am. psychoanalytic Asscn. 22: 612–625.

Compton, A. (1981): On the psychoanalytic theory of instinctual drives. Psychoanalytic Quarterly 50: 190–237.

Damm, S. (1995): Mehrphasentherapie. München.

deMause, L. (1977): Hört ihr die Kinder weinen. Eine psychogenetische Geschichte der Kindheit. Frankfurt a. M.

Deun, U. v.; Kutter, P. (1992): Ich hab' dich nicht gewollt, mein Kind. Reinbek.

Deutsch, F. (1953): The Psychosomatic Concepts in Psychoanalysis. New York.

Dornes, M. (1994): Der kompetente Säugling. Frankfurt a. M.

Dornes, M. (1997): Das erste Lebensjahr. Frankfurt a. M.

Dornes, M. (2000) Die emotionale Welt des Kindes. Frankfurt a. M.

Eichinger, H. J. (2000): Gibt es doch eine Spezifität? Bericht über die Behandlung eines Neurodermitis-Kranken. Psyche 54: 498–520.

Eicke, D. (1973): Dein Körper als Partner. München.

Eissler, K. R. (1953): The effect of the ego on psychoanalytic technique. J. Am. Psycho-analytic. Asscn. 1: 104–143.

Eissler, K. R. (1975): Todestrieb, Ambivalenz, Narzißmus. München.

Eissler, K. R. (1978): Der sterbende Patient. Stuttgart-Bad Cannstatt.

Erdheim, M. (1982): Die gesellschaftliche Produktion von Unbewußtheit. Frankfurt a. M.

Erikson, E. H. (1950): Childhood and Society. (Dt.: Kindheit und Gesellschaft. Stuttgart 1961).

Fain, M. (1966): Regression et psychosomatique. Rev. Fr. Psychanal. 30: 451–456.

Fain, M.; Marty, P. (1965): A propos du narcissme et de sa genèse. Revue Fr. Psychanal. 29: 561.

Fairbairn, W. R. D. (1952): Psychoanalytic Studies of the Personality. London.

Ferenczi, S. (1933): Sprachverwirrung zwischen den Erwachsenen und dem Kind – Die Sprache der Zärtlichkeit und der Leidenschaft. Schriften zur Psychoanalyse, Band II. Frankfurt a. M.

Feuerbach, L. (1848/49): Kritische Bemerkungen. In: Anthropologischer Materialismus I. Frankfurt a. M./Wien, 1967, S. 160.

Freud, A. (1946): Das Ich und die Abwehrmechanismen. London.

Freud, A. (1948): Bemerkungen zur Aggression. In: Die Schriften der Anna Freud, Bd. IV. München, 1980, S. 1061–1075.

Freud, A. (1965): Normality and Pathology in Childhood. Assessments of Development. New York.

Freud, S. (1895a): Studien über Hysterie. G. W. Bd. I. Frankfurt a. M., S. 75–312.

Freud, S. (1895b): Über die Berechtigung von der Neurasthenie, einen bestimmten Symptomenkomplex als »Angstneurose« abzutrennen. G. W. Bd. I. Frankfurt a. M., S. 13–342.

Freud, S. (1900): Die Traumdeutung. G. W. Bd. II/III. Frankfurt a. M.

Freud, S (1905) Drei Abhandlungen zur Sexualtheorie. G. W. Bd. V. Frankfurt a. M., S. 27–145.

Freud, S. (1908a): Charakter und Analerotik. G. W. Bd. VII. Frankfurt a. M., S. 201–209.

Freud, S. (1908b): Die »kulturelle« Sexualmoral und die moderne Nervosität. G. W. Bd. VII. Frankfurt a. M., S. 143–167.

Freud, S. (1909): Analyse der Phobie eines fünfjährigen Knaben. G. W. Bd. VII. Frankfurt a. M., S. 241–377.

Freud, S. (1912): Ratschläge für den Arzt bei der psychoanalytischen Behandlung. G. W. Bd. VIII. Frankfurt a. M., S. 375–387.
Freud, S. (1913): Die Disposition zur Zwangsneurose. G. W. Bd. VIII. Frankfurt a. M., S. 441–451.
Freud, S. (1914a): Zur Einführung des Narzißmus. G. W. Bd. X. Frankfurt a. M., S. 137–170.
Freud, S. (1914b): Erinnern, Wiederholen, Durcharbeiten. G. W. X. Frankfurt a. M., S. 125–136.
Freud, S. (1915a): Triebe und Triebschicksale. G. W. Bd. X. Frankfurt a. M., S. 210–232.
Freud, S. (1915b): Bemerkungen über die Übertragungsliebe. G.W. Bd. X. Frankfurt a. M., S. 306–321.
Freud, S. (1916): Trauer und Melancholie. G. W. Bd. X. Frankfurt a. M., S. 427–446.
Freud, S. (1921): Jenseits des Lustprinzips. G. W. Bd. XIII. Frankfurt a. M., S. 1–69.
Freud, S. (1923): Das Ich und das Es. G. W. Bd. XIII. Frankfurt a. M., S. 235–289.
Freud, S. (1926): Hemmung, Symptom und Angst. G.W. Bd. XIV. Frankfurt a. M., S. 111–205.
Freud, S. (1930): Das Unbehagen in der Kultur. G. W. Bd. XIV. Frankfurt a. M., S. 419–506.
Freud, S. (1933): Die Weiblichkeit. In: Neue Folge der Vorlesungen zur Einführung in die Psychoanalyse. G. W. Bd. XV. Frankfurt a. M., S. 119–145.
Friedman, L. J. (1963): Virginität in der Ehe. Bern/Stuttgart.
Fromm, E. (1956): Die Kunst des Liebens. Frankfurt a. M.
Fuchs, M. (1989): Funktionelle Entspannung. 4. Auflage. Stuttgart.
Gaddini, R. (1977): The Pathology of the self as a basis of psychosomatic disorders. In: Bräutigam, W.; Rad, M. von (Hg.), Toward a Theory of Psychosomatic Disorders. Basel.
Geißler, P. (1998): Analytische Körperpsychotherapie in der Praxis. München.
Gehlen, A. (1958): Der Mensch, seine Natur und Stellung in der Welt. 6. Auflage. Bonn.
Goldhagen, D. J. (1996): Hitlers willige Vollstrecker. Berlin.
Grammer, K. (1993): Signale der Liebe. Hamburg.
Green, A. (1993): Die tote Mutter. Psyche 47: 205–240.
Green, A. (2000): Geheime Verrücktheit. Grenzfälle der psychoanalytischen Praxis. Übers. u. hg. von E. Wolff. Gießen.

Grunert, J. (1977): Der Bauch: Vorstellungen, Empfindungen und Phantasien. In: Grunert, J. (Hg.), Körperbild und Selbstverständnis. Psychoanalytische Beiträge zur Leib-Seele-Einheit. München, S. 181–226.

Hacker, F. (1973): Aggression. Die Brutalisierung der modernen Welt. Reinbek.

Haeberle, E. J. (2000): Sexuell gesehen ist der Mensch ein unbekanntes Wesen. Interview J. Westhoff. Stuttgarter Zeitung, Nr. 151, 4.7.2000, S. 9.

Härtling, P. (1980): Nachgetragene Liebe. Neuwied.

Haesler, L. (1997): Psychoanalyse und Musik. Vortrag 8.5.1997, Tagung der DPV in Köln.

Hanusch, U.; Kutter, P. (1998): Psychoanalyse und Tanz – These, Antithese, Synthese. In: Trautmann-Voigt, S.; Voigt, B. (Hg.), Bewegung ins Unbewußte. Frankfurt a. M., S. 159–169.

Hartmann, H.; Kris, E.; Loewenstein, R. M. (1946): Anmerkungen und Entwicklung der psychischen Struktur. Psychoanalytic Study of the Child 2: 11–38 (Dt.: In: Kutter, P.; Roskamp, H. [Hg.], Psychologie des Ich. Darmstadt, 1974, S. 105–140).

Hegel, G. F. W. (1821): Phänomenologie des Geistes Sämtliche Werke, V. Hamburg, 1952.

Heinen, U.; Thielemann, A. (2001): Rubens Passioni. Kultur der Leidenschaften im Barock. Göttingen.

Heisterkamp, G. (1993): Heilsame Berührungen. München.

Hirsch, M. (1989): Der eigene Körper als Objekt. Berlin u. a.

Hoesch, K. (1979): Zur Psychologie der Oper. In: Psychologie des 20. Jahrhunderts, Band 25, hg. von G. Condreau, S. 1075–1085.

Hoffer, W. (1964/65): Mund, Hand und Ich-Integration. Psyche 18: 81–88.

Hoffmann-Axthelm, D. (1991): Der Körper in der Psychotherapie. Oldenburg.

Horkheimer, M.; Adorno, T. (1947): Dialektik der Aufklärung. Amsterdam.

Hunger, H. (1959): Lexikon der griechischen und römischen Mythologie. Wien.

Izard, C. E. (1981): Die Emotion des Menschen. Eine Einführung in die Grundlagen der Emotionspsychologie. Weinheim/Basel.

Jacobson, E. (1973): Das Selbst und die Welt der Objekte. Frankfurt a. M.

Janov, A. (1975): Der Urschrei. Frankfurt a. M.

Jaspers, K. (1956): Philosophie. Band II, Existenzerhellung. Berlin/Göttingen/Heidelberg.

Jung, C. G. (1928): Die Beziehungen zwischen dem Ich und dem Unbewußten. Zürich.

Kant, I. (1798): Anthropologie in pragmatischer Hinsicht. G. W. Bd. 1. Darmstadt.

Kapfhammer, H.-P. (1995): Entwicklung der Emotionalität. Stuttgart.

Kast, V. (1992): Liebe im Märchen. Olten/Freiburg.

Kast, V. (1995): Die Nixe im Teich. Olten/Freiburg.

Kernberg, O. F. (1978): Borderline-Störungen und pathologischer Narzißmus. Frankfurt a. M.

Kernberg, O. F. (1994): Love Relations. Normality and Pathology. New Haven/London.

Kernberg, O. F. (1997): Wut und Hass. Über die Bedeutung von Aggression bei Persönlichkeitsstörungen und sexuellen Perversionen. Stuttgart.

Kerényi, K. (1966): Die Mythologie der Griechen. 2 Bände. München.

Kierkegaard, S. (1960). Der Begriff Angst. Werke I. Reinbek.

Klausmeier, F. (1978): Die Lust, sich musikalisch auszudrücken. Eine Einführung in sozio-musikalisches Verhalten. Reinbek.

Klein, G. S. (1967): Peremptory ideation, structure, and force in motivated ideas. In: Holt, R. R. (Hg.), Motives and Thought. Psychoanalytic Essays in Honor of David Rapaport. Psychological Issues 5: 18–19.

Klein, M. (1962): Das Seelenleben des Kleinkindes. Stuttgart.

Kloos, G. (1956): Grundriß der Psychiatrie und Neurologie. München.

Köhler, L. (1998): Das Selbst im Säuglings- und Kleinkindalter. In: Hartmann, H.-P. et al. (Hg.), Das Selbst im Lebenszyklus. Frankfurt a. M., S. 26–48.

Köhler, W. (1994): Wozu leben? Auskünfte über den Sinn des persönlichen Daseins. Psychologie heute 10: 28–30.

Kohut, H. (1973): Narzißmus. Eine Theorie der psychoanalytischen Behandlung narzißtischer Persönlichkeitsstörungen. Frankfurt a. M.

Kohut, H. (1979): Die Heilung des Selbst. Frankfurt a. M.

Krause, R. (1993): Über das Verhältnis von Trieb und Affekt am Beispiel des perversen Aktes. Forum der Psychoanalyse 9: 187–197.

Krystal, H. (1975): Affect tolerance. Annual of Psychoanalysis 3, 179–219.

Krystal, H. (1988): Integration and Self-Healing. Affect, Trauma, Alexithymia. Hillsdale, NJ.

Küchenhoff, J. (1994): Spezifitätsmodelle in der psychosomatsichen Medizin. Z. Psychosom. Med. u. Psychoanalyse 40: 234–248.
Küchenhoff, J. (2000): Der Körper als Ort der Beziehungsinszenierung. In: Streeck, U. (Hg.), Erinnern, Agieren und Inszenieren. Göttingen, S. 143–160.
Kurz, H. (2000): Der Raum zum dreidimensionalen Gestalten in der Kunsttherapie. Stuttgart.
Kutter, P. (1978): Die menschlichen Leidenschaften. Stuttgart.
Kutter, P. (1980a): Emotionalität und Körperlichkeit. Prax. Psychother. Psychosom. 25: 131–145.
Kutter, P. (1980b): Über die Rolle der Affekte. Psychoanalyse 1: 188–201.
Kutter, P. (1981): Sein oder nicht sein, die Basisstörung der Psychosomatose. Prax. Psychother. Psychosom. 26: 131–145.
Kutter, P. (Hg.) (1982): Psychologie der zwischenmenschlichen Beziehungen. Darmstadt.
Kutter, P. (1983): Psychoanalytische Ansätze bzw. Spezielle Emotionen aus psychoanalytischer Sicht. In: Euler, H. A.; Mandl, H. (Hg.), Emotionspsychologie. München, S. 52–61; 204–212.
Kutter, P. (1988): Basiskonflikt und Körperselbst in Einzel- und Gruppenanalyse. In: Bartl, G.; Pesendorfer, F. (Hg.), Strukturbildung im therapeutischen Prozeß. Wien.
Kutter, P. (1994): Liebe, Haß, Neid, Eifersucht – Eine Psychoanalyse der Leidenschaften. Göttingen.
Kutter, P. (1996): Warum Sexualität nicht alles ist. Gefühl, Beziehung, Selbst. Vortrag im Hospitalhof Stuttgart, 22.4.1996.
Kutter, P. (1997): Leidenschaftliche Liebe im Lebenszyklus. In: Egner, H. (Hg.), Leidenschaft und Rituale. Freiburg, S. 65–97.
Kutter, P. (1999): Freude, Schmerz und Lähmung beim Musizieren – aus der Psychoanalyse einer Violinspielerin. Musikphysiologie und Musikermedizin 6: 48–51.
Laban, R. v. (1982): Der moderne Ausdruckstanz. Wilhelmshaven.
Lampl-de Groot, J. (1960): Depression und Aggression. Jahrbuch der Psychoanalyse 1: 145–160.
Landauer, K. (1938): Affects, passions and temperament. Int. Psycho-Anal. 19: 388–341.
Lichtenberg, J. D. (1989): Psychoanalysis and Motivation. Hillsdale, NJ.
Lichtenberg, J. D. (1999): Modellszenen, Affekte und das Unbewußte In: Kutter, P. (Hg.), Selbstpsychologie. Weiterentwicklungen nach Heinz Kohut. Stuttgart, S. 73–107.

Lichtenberg, J. D.; Lachman, F. M.; Fosshage, J. L. (2000): Zehn Prinzipien psychoanalytischer Behandlungstechnik. Stuttgart.

Lichtenberg, J. D.; Shapard, B. (2000): Haß und Genugtuung. In: Kutter, P. (Hg.), Psychoanalytische Selbstpsychologie. Göttingen, S. 98–119.

Lindemann, E. (1944): Symptomatology and management of acute grief. American Journal of Psychiatry 101: 141–148 (Dt.: Jenseits von Trauer. Göttingen 1979, S. 43–58).

Loch, W. (1999): Die Krankheitslehre der Psychoanalyse. Hg. v. H. Hinz. 6. Auflage. Stuttgart.

Löfgren, L. B. (1968): Psychoanalytic theory of affects. J. Am. psychoanalytic Asscn. 16: 638–650.

Lowental, U. (1986): Autodestruction and nonexistence: Two distinct aspects of the death drive. Psychoanalytic Review 73: 349–360.

Mahler, M. S.; Pine, F.; Bergman, A. (1980): Die psychische Geburt des Menschen. Frankfurt a. M.

Marcuse, H. (1969): Aggressivität in der gegenwärtigen Industriegesellschaft. In: Marcuse, H. et al.: Aggression und Anpassung in der Industriegesellschaft. Frankfurt a. M., S. 128–144.

Margolin, S. G. (1953): Genetic and dynamic. Psycho-physiological determinance of pathophysiological processes. In: Deutsch, F. (Hg.), The Psychosomatic Concepts in Psychoanalysis. New York.

Marty, P.; M'Uzan, M.; David, C. H. (1963): L'investigation psychosomatique. Paris.

Masters, W. H.; Johnson, V. E. (1966): Die sexuelle Reaktion.

Maudsley, H. (1876): Physiology of Mind. London.

McDougall, J. (1974): The psychosoma and the psychoanalytic process. Int. Rev. Psychoanal.

McDougall, J. (1987): Ein Körper für zwei. Forum d. Psychoanalyse 3: 265–287.

Mead, M. (1958): Mann und Weib. Das Verhältnis der Geschlechter in einer sich wandelnden Welt. Reinbek.

Milgram, S. (1974): Das Milgram-Experiment. Zur Gehorsamsbereitschaft gegenüber Autorität. Reinbek.

Miller, A. (1998): Wie entsteht Haß? In: Wege des Lebens. Sieben Geschichten. Frankfurt a. M., S. 241–288.

Mitscherlich, A. (1956/57): Aggression und Anpassung. Psyche 10: 177–193.

Mitscherlich, A. (1967): Die Chronifizierung psychosomatischen Geschehens. In: Krankheit als Konflikt. Studien zur Psychosomatischen Medizin 2: 94–124.

Mitscherlich, A. (1969): Thesen über Grausamkeit. In: Die Idee des Friedens und die menschliche Aggressivität. Frankfurt a. M., S. 97–104.

Mitscherlich-Nielsen, M. (1982): Was ist Lust? In: Schwarzer, A. (Hg.), Sexualität. Ein EMMA-Buch. Reinbek.

Mitscherlich-Nielsen, M. (1985): Die friedfertige Frau. Frankfurt a. M.

Morgenthaler, F. (1984): Homosexualität, Heterosexualität, Perversion. Frankfurt a. M.

Moser, T. (1989): Körpertherapeutische Phantasien. Frankfurt a. M.

Moser, T. (1992): Der Körper in der Psychotherapie und die Angst vor der Sexualisierung. In: Vorsicht Berührung. Frankfurt a. M., S. 19–38.

Moser, U. (1964): Zur Abwehrlehre: Das Verhältnis von Verdrängung und Projektion. Jahrbuch der Psychoanalyse 3: 56–86.

Moser, U.; Zeppelin, I. v.; Schneider, W. (1978): Computersimulation eines Modells neurotischer Abwehrmechanismen. Berichte aus der Abt. Klinische Psychologie. Psychologisches Institut der Universität Zürich.

Müller-Braunschweig, H. (1997): Zur gegenwärtigen Situation der körperbezogenen Psychotherapie. Der Psychotherapeut, 42: 132–144.

Nemiah J. C. (1977): Alexithymia. Theoretical considerations. In: Bräutigam, W.; Rad, M. von (Hg.), Toward a Theory of Psychosomatic Disorders. Basel, S. 199–206

Niederland, W. G. (1980): Folgen der Verfolgung. Das Überlebenssyndrom. Frankfurt a. M.

Nietzsche, F.: Werke. Hg. v. K. Schlechta. Darmstadt, 1966.

Nowey, S. (1959): A clinical view of affect theory in psycho-analysis. Int. J. Psycho-Anal. 40: 94–104.

Nowey, S. (1961): Further considerations on affect theory. Int. J. of Psycho-Analysis 42: 21–31.

Nunberg, H. (1930): Die synthetische Funktion des Ich. Internationale Zeitschrift für Psychoanalyse 16: 301–311.

Ogden, T. H. (1995): Frühe Formen des Erlebens. Wien/New York.

Oppl, M. (1998): Persönliche Mitteilung.

Ornstein, A. (2000): Traumata des Alltagslebens. In: Kutter, P. (Hg.), Psychoanalytische Selbstpsychologie. Göttingen, S. 41–62.

Plassmann, R. (1993): Psychoanalyse artifizieller Erkrankungen. Aachen.

Plessner, H. (1964): Conditio humana. Pfullingen.

Quinodoz, D. (1991): Ich habe Angst, mein Kind zu töten oder: Ausgesetzter Ödipus, adoptierter Ödipus. Zeitschrift für psychoanalytische Theorie und Praxis VI, 1: 47- 61.

Rado, S. (1969): Adaptional Psychodynamics: Motivation and Control. New York.

Rangell, L. (1967): Psychoanalysis, affects, and the human core. Psychoanal. Quarterly 36: 172–202.

Rank, O. (1923): Das Trauma der Geburt und seine Bedeutung für die Psychoanalyse. Wien.

Rapaport, D. (1953): On the psycho-analytic theory of affects. Int. J. Psycho-Anal. 34: 177–198.

Reich, W. (1923): Die Funktion des Orgasmus. Wien.

Reich, W. (1933) Charakteranalyse. Wien.

Reich, W. (1936): Die sexuelle Revolution. Frankfurt a. M.

Reiche, R. (1990): Geschlechterspannung. Frankfurt a. M.

Reiche, R. (2000): »... versage uns die volle Befriedigung« (Sigmund Freud). Eine sexualwissenschaftliche Zeitdiagnose der gegenwärtigen Kultur. Zeitschrift für psychoanalytische Theorie und Praxis XV, 1: 10–36.

Renner, H. (1980): Reclams Kammermusikführer. 9. Auflage. Stuttgart.

Riviera J. de (1977): Structural theory of the affects. Psychological Issues 10: 1–17.

Ross, J. M. (1982): Oedipus revisited – Laius and the Laius-Complex. Psychoanal. Study Child, 37: 169–200.

Rotmann, M. (1978): Über die Bedeutung des Vaters in der »Wiederannährungsphase«. Psyche 32: 1105–1147.

Schachtel, E. G. (1959): Metamorphosis. On the Development of Affect. Perception Attention and Memory. New York.

Schafer, R. (1964): The clinical analysis of affects. J. Am. psychoanal. Asscn. 12: 275–299.

Scheler, M. (1928): Die Stellung des Menschen im Kosmos. Darmstadt.

Schelsky, H. (1955): Soziologie der Sexualität. Reinbek.

Schmidt, G. (1996): Paartherapie bei sexuellen Funktionsstörungen. In: Sigusch, V.: Sexuelle Störungen und ihre Behandlung. Stuttgart/ New York, S. 180–199.

Schmidt, G.; Strauß, R. (1998): Sexualität und Spätmoderne. Stuttgart.

Schopenhauer, A. (1819): Die Welt als Wille und Vorstellung.

Schottlaender, F. (1953): Des Lebens schöne Mitte. Stuttgart.

Schraivogel, P. (2000): Negative Präsenz als Schwerkraft psychischen Lebens. Vortrag bei der Arbeitsgemeinschaft Stuttgart/Tübingen der DPV, 2.5.2000.

Schur M (1955): Comments on the metapsychology of somatisation. Study of the Child 10: 119–164.

Shapiro, T.; Emde, R. N. (1992): Affect: Psychoanalytic Perspectives. Madison.

Shengold, L. (1989): Soul Murder. Seelenmord – Auswirkungen von Mißbrauch und Vernachlässigung in der Kindheit. Frankfurt a. M.

Shepard, M. (1973): Sex-Therapie. Sexuelle Intimität zwischen Patienten und Psychotherapeuten. Köln.

Siegman, A. (1954): Emotionality – A hysterical character defence. Psychoanalytic Quarterly 23: 339–354.

Socarides, C. W. (Hg.) (1977): The World of Affects. Clinical Studies of Affects and their Expression. New York.

Spiegel, Y.; Kutter, P. (1997): Kreuzwege. Theologische und psychoanalytische Zugänge zur Passion Jesu. Stuttgart.

Spinoza (1979): Definition der Affekte. Werke, Band 2. Hg. v. G. Gawlick und F. Niewöhner. Darmstadt, S. 353–378.

Spitz, R. A. (1955/56): Die Urhöhle. Zur Genese der Wahrnehmung und ihrer Rolle in der psychoanalytischen Therapie. Psyche 9: 641–667.

Spitz, R. A. (1976): Vom Dialog. Stuttgart.

Stefanos, S. (1973) Analytisch-psychosomatische Therapie. Beiheft zum Jahrbuch der Psychoanalyse, Nr. 1. Bern/Stuttgart/Wien.

Stendhal, H. (1822): De l'amour (Dt.: Über die Liebe).

Stern, D. (1992): Die Lebenserfahrung des Säuglings. Stuttgart.

Sternberg, R. J. (1988): Triangulating Love. In: Sternberg, B. J.; Barnes, M. L., The Psychology of Love. New Haven/London, S. 119–138.

Stiefel, S. (2000): Alle tun's, nur ich nicht! Sonntag aktuell, 16.7.2000, S. 19.

Stierlin, H. (1971): Das Tun des einen ist das Tun des anderen. Frankfurt a. M.

Stoller, P. (1979): Pereversion. Die erotsiche Form von Haß. Reinbek.

Stolze, H. (1984): Die konzentrative Bewegungstherapie. Berlin.

Taylor, G. J. (1977) Alexithymia and the counter-transference. In: Bräutigam, W.; Rad, M. von (Hg.), Toward a Theory of Psychosomatic Disorders. Basel.

Thomä, H. (1980): Unspezifität psychosomatischer Erkrankungen. Psyche 34: 587–624

Tomkins, S. (1979): Affects as the primary motivational system. In: Arnold, M. B. (Hg.), Feelings and Affects. New York, S. 101–110.

Tramitz, A. (2000): Es genügt nicht, einfach nur Sex zu haben. Moderne Zeiten. Wochenendbeilage der Stuttgarter Zeitung 17.6.2000, S. 51.

Trautmann-Voigt, S.; Voigt, B. (1997): Freud lernt laufen. Herausforderungen analytischer Tanz- und Bewegungstherapie für Psychoanalyse und Psychotherapie. Frankfurt a. M.

Trexler, R. (1973): The foundlings of Florence 1395–1455. History of childhood quart. 1: 259ff.

Valenstein, A. F. (1962): The psycho-analytic situation. Affects, emotional reliving and insight in the psycho-analytic process. Int. J. Psycho-Anal. 43: 315–324.

Verres, R.; Sobez, I. (1980): Kognitive Aspekte von Ärger und Wut. Medizinische Psychologie 6: 33–53.

Widmer, P. (1984): Zum Problem des Todestriebs. Psyche 38: 1059–1082.

Winnicott, D. W. (1974): Reifungsprozesse und fördernde Umwelt. Kindler. München

Winnicott, D. W. (1976a): Übergangsobjekte und Übergangsphänomene. In: Stork, J. (Hg.), Von der Kinderkrankheit zur Psychoanalyse. München, S. 293–312.

Winnicott, D. W. (l976b): Die Beziehung zwischen dem Geist und dem Leibseelischen. In: Stork, J. (Hg.), Von der Kinderheilkunde zur Psychoanalyse. München, S. 16l–178.

Wolf, E. S. (1996): Theorie und Praxis der psychoanalytischen Selbstpsychologie. Frankfurt a. M.

Wolff, H. H. (1977): The contribution of the interview situation to the restriction of fantasy life and affectiv experience in psychosomatic patients. In: Bräutigam, W.; Rad, M. von (Hg.), Toward a Theory of Psychosomatic Disorders. Basel.

Wurmser, L. (1993): Das Rätsel des Masochismus. Berlin.

Peter Kutter bei V&R

Peter Kutter (Hg.)
Psychoanalytische Selbstpsychologie
Theorie, Methode, Anwendungen
Psychoanalytische Blätter 15.
2000. 155 Seiten, kartoniert
ISBN 3-525-46014-7

Obwohl die psychoanalytische Selbstpsychologie widersprüchliche Urteile und zum Teil heftige Kritik auf sich gezogen hat, spielt sie zunehmend eine Rolle bei den psychoanalytischen Schulen. Das Buch bündelt die nötige Sachinformation über die neuesten Entwicklungen der Selbstpsychologie.

Peter Kutter / Raúl Páramo-Ortega / Thomas Müller (Hg.)
Weltanschauung und Menschenbild
1998. 288 Seiten mit 1 Abbildung, kartoniert. ISBN 3-525-45806-1

Die Autorinnen und Autoren zeigen, welche Einflüsse den psychoanalytischen Prozeß wesentlich bestimmen. Dabei wird deutlich, was vielfach unsichtbar bleibt: welche spezifischen Facetten der personalen und professionellen Identität der Psychoanalytiker in ihr Erleben und Handeln einfließen.

Peter Kutter
Liebe, Haß, Neid, Eifersucht
Eine Psychoanalyse der Leidenschaften
Transparent, Band 13. 1994.
109 Seiten, kartoniert
ISBN 3-525-01713-8

Zivilisation ist der Versuch, der Leidenschaften Herr zu werden. Ein paar Mal in der Geschichte sah es schon so aus, als würde sie das schaffen. Aber die Menschen lassen sich nicht nachhaltig entfremden von ihren Gefühlen. Wo Leidenschaften unterdrückt werden, wandeln sie sich in zersetzende, krankmachende Kräfte, oder sie verschaffen sich eruptiv Luft in der Rebellion, in leidenschaftlichem Aufbäumen.
Peter Kutter zeigt, welchen Verformungen die Gefühle ausgesetzt sein können, und er plädiert für einen liebevollen Umgang mit unseren Leidenschaften.

V&R
Vandenhoeck
& Ruprecht